주 | 석 | 본

조계종 표준

金剛般若波羅蜜經

금강반야바라밀경

대한불교조계종 교육원 편역

조계종출판사

목 차

법 어 ······························ 6

도림 법전 / 대한불교조계종 종정

치 사 ······························ 8

가산 지관 / 대한불교조계종 총무원장

간 행 사 ······························ 10

청화 / 대한불교조계종 교육원장

편 찬 사 ······························ 13

연관 / 금강경편찬실무위원회 위원장

금강반야바라밀경 ······························ 15

미 주 ······························ 93

조계종 표준 『금강경』 술어 색인 ······························ 98

편찬 후기 ······························ 107

현종 / 대한불교조계종 불학연구소장

일 러 두 기

가. 조계종 표준『금강경』한문 · 한글본의 저본 및 대교본 · 참고본들은 다음과 같다.

∴ 底本: 【高】- 高麗大藏經 鳩摩羅什譯『金剛般若波羅蜜經』

∴ 對校本: 【唐】- 唐咸通九年板本 鳩摩羅什譯『金剛般若波羅蜜經』

【宋】- 磧砂大藏經 鳩摩羅什譯『金剛般若波羅蜜經』

【明】- 永樂北藏 鳩摩羅什譯『金剛般若波羅蜜經』

【淸】- 龍藏 鳩摩羅什譯『金剛般若波羅蜜經』

∴ 參考本: 【房】- 房山石經 鳩摩羅什譯『金剛般若波羅蜜經』

【敦】- 敦煌筆寫本 鳩摩羅什譯『金剛般若波羅蜜經』

【金】- 金剛經全書 鳩摩羅什譯『金剛般若波羅蜜經』

【佛】- 佛光大藏經 鳩摩羅什譯『金剛般若波羅蜜經』

【新】- 大正新修大藏經 鳩摩羅什譯『金剛般若波羅蜜經』

【梵】- Conze 校正本 : *Vajracchedikā prajñāpāramitā*, ed. and tr. by Edward Conze with introduction and glossary, Serie Oriental Roma XIII. Roma, Is. M. E. O. 1957.

【流】- 菩提流支譯『金剛般若波羅蜜經』, 異譯本

【眞】- 眞諦譯『金剛般若波羅蜜經』, 異譯本

【笈】- 達摩笈多譯『金剛能斷般若波羅蜜經』, 異譯本

【玄】- 玄奘譯『能斷金剛般若波羅蜜多經』, 異譯本

【義】- 義淨譯『佛說能斷金剛般若波羅蜜多經』, 異譯本

나. 조계종 표준『금강경』한문본은 高麗大藏經板『金剛經』을 底本으로 對校本 · 參考本 등을 비교하여 원문을 교정한 校勘本이다. 원문 교감부분은 미주로 밝혀 두었다.

∴ 校勘本: 【什】- 鳩摩羅什譯『金剛般若波羅蜜經』
(大韓佛敎曹溪宗 敎育院 校勘本)

다. 조계종 표준『금강경』한문본의 단락은 고려대장경판본에는 없는 것이지만 경전을 이해하는 데 도움이 된다는 판단 하에 보편화된 양나라 소명태자의 32분단을 따랐고, 한글해석은 각 분단의 요지를 살려 번역하였다.

라. 조계종 표준『금강경』한글본은 한글 초벌 번역본을 바탕으로 금강경 편찬실무위원회에서 수차례의 회의를 통해 완성된 공동번역물이다. 번역과정상 이해를 돕기 위해 필요하다고 생각되는 부분은 범본 및 이역본들을 참고했으며, 주석(註釋)에 밝혀 두었다.

마. 주석에 출전을 밝힐 필요가 있는 부분은 다음과 같이 약어를 사용하였다.

刊.	『金剛經刊定記』, 長水子璿 記, 然觀 譯, 선우도량, 1996
A.	『앙굿따라 니까야』Ⅱ, 대림 옮김, 초기불전연구원, 2006
M.	Majjihima Nikāya(중부)
MA.	Majjihima Nikāya Aṭṭhakathā(중부 주석서)
Vbh.	Vibhaṅga(분별론)

바. 한글 번역에 있어 새롭게 시도된 번역 술어들은 색인을 통해 정리해 두었다.

비단 위에 또 꽃을 뿌리는 마음이로다

- 조계종 표준 『금강경』 상재(上梓)에 제(題)하며 -

도림 법전 / 대한불교조계종 종정

세존과 수보리 존자께서 방편법(方便法)과 실법(實法)을 쌍(雙)으로 보이시니 서역의 구마라집 종사가 환희심으로 중원(中原)에 『금강경』을 전함이로다.

이후 동양삼국의 번역 · 주석서가 이천여가(二千餘家)를 헤아렸으니 이는 제조사(諸祖師)가 능단(能斷)의 반야(般若)를 제각기 드러내고자 함이니 모두가 하나같이 비단 위에 꽃을 뿌리려는 간절한 마음뿐이었도다.

조계산 혜능(慧能)선사가 응무소주이생기심(應無所住而生其心)에 발심개안(發心開眼) 하셨고 함허득통(涵虛得通) 화상께서 오가해(五家解)로 선지(禪旨)를 분명히 드러내시니 이에 본종(本宗)의 소의경전(所依經典)되어 장구(長久)히 오늘까지 이르렀구나.

중언부언(重言復言)의 수많은 이본이역(異本異譯)이 때로는 눈에 들어간 금가루가 되었고 평범한 일반 대중들에게는 도리어 현애상(懸崖想)을 일으키게 하였으니 이에 연관(然觀) 상인(上人) 등 당대(當代)의 출재가 선지식들이 한 자리에 모여 금강의 대도량을 열더니 자비 반야검의 무차논사(無遮論師)의 칠백일 결제(結制)를 이제사 마쳤구나.

금일에 한문본 『금강경』과 한글본 『금강경』의 종단 표준본을 만들어 대각존과 유통선인(流通先人)들에게 우러러 고(告)하면서 상재(上梓)하노니 이후 이천만 종도(宗徒)들은 이를 지남(指南)으로 삼아 정진하고 또 전법할진저.

명안후도가(明眼後到家)에
원불섭도정(元不涉途程)이로다
눈이 열려 집에 이르고 보니
원래 길을 나선 적이 없더라

불기 2553(09)년 1월 20일

치 사

『금강경』은 무상으로 宗을 삼고, 무주로 體를 삼으며 묘유로 用을 삼는 심심미묘한 경전이다. 『금강경』의 핵심종지는 이 세상의 모든 존재는 잠정적인 假相임을 설파하여 진공묘유의 중도실체인 실상반야를 증득케 함이다.

경의 대의를 집약한 사구게에서 "凡所有相 皆是虛妄 若見諸相非相則見如來"라 하였으니, '분별망상을 타파하고 지혜의 눈이 열리면 모든 존재가 마치 그림자처럼 나타난 虛相임을 체득하고 곧 청정법신 여래를 본다.'라고 하였다. 따라서 수행자는 住 · 修 · 降伏 곧 마음을 붙잡아 외경으로 치닫지 말고, 순경인 객관으로 따라가는 것을 막아 망동하지 못하도록 가르치고 있다. 자신과 제법이 모두 無我임을 알아 四相을 여의어 취착하지 말 것을 당부하고 있다.

이와 같이 '二執인 아집과 법집을 여의고 아공 · 법공 · 구공(俱空)인 三空을 터득하면 곧 반야 공지를 얻어 실상을 볼 뿐만 아니라 법계당체인 如來를 보게 된다.'라고 설하고 있는 것이다.

다음으로 수지독송과 위인해설의 利他功德은 헤아릴 수 없이 크다고 권장하였으니, 이 경의 애독자 · 해설자 · 번역자 · 유통자가 여타 경전에 비해 많은 편이다. 六祖 스님 당시에 이미 이 경을 주석한 이가 팔백여가에 달하였다. 오늘에 이르러서는 주석과 해석과 번역을 남긴 사람이 몇 천인지 그 수를 헤아릴 수 없을 정도이다. 우리나라에도 서사 · 각판 · 인경 · 번역 · 주석 등의 다양한 판본이 전승되어 왔다. 이를 감안하여 본종 교육원에서 현존한 六譯本과 여러 번역 · 해설서와 그리고 범본까지 대조하여 종단 표준본으로 간행하게 되었으니 반가운 일이다.

종단의 소의경전으로서 종도 여러분의 수지독송을 바란다. 끝으로 편찬실무위원들과 간행을 지도한 교육원장 스님을 비롯하여 관계자 여러분들의 노고를 치하하는 바이다.

불기 2553(09)년 1월 20일

대한불교조계종 총무원장 伽山 智冠 삼가 적음

간행사

광대한 불법의 세계를 바다에 비유합니다. 그리고 그 바다는 믿음으로 들어가고 지혜로써 건너간다[信爲能入 智爲能度]고 했습니다. 경전을 놓고 볼 때 믿음은 수지독송과 같은 신행에 해당되며, 지혜는 경에 담긴 내용을 체득하는 것입니다. 그러므로 불법의 바다를 건너기 위해서는 신행과 더불어 경전의 내용을 바르게 이해하는 것이 관건입니다. 그런 점에서 경전을 번역하고 편찬하는 것은 믿음의 근거를 확립하는 일이며, 부처님의 혜명(慧命)을 잇는 불사라고 해야 할 것입니다.

주지하다시피 『금강경』은 조계종의 소의경전이자 많은 불자들이 널리 독송하는 경전입니다. 하지만 경문을 소리 내어 독송하는 것이 주류를 이루고 있을 뿐 그 속에 담긴 의미까지 꿰뚫어 보는 혜안(慧眼)을 가진 이가 드문 것은 사실입니다. 옛 성현들도 이런 상황을 우려하여 "입으로 외우는 자는 소털과 같이 많지만[口諷牛毛] 마음으로 통달한 사람은 기린 뿔같이 드물다[心通麟角]."고 했습니다. 더군다나 『금강경』은 모든 번뇌를 깨뜨리는[能斷一切] 반야의 지혜를 담고 있는 경전입니다. 따라서 독송에만 안주하고 그 속에 담긴 깊은 의미를 체득하지 못한다면 『금강경』을 통해 조계종의 종지(宗旨)와 종풍(宗風)을 드러내지는 못할 것입니다.

이와 같은 문제를 해소하고 모든 종도들이 『금강경』을 친숙하게 독송하고 이해할 수 있도록 하기 위해 전문가들을 편찬실무위원으로 위촉하여 조계종 표준 『금강경』을 편찬하기에 이르렀습니다. 물론 한글 『금강경』이 없어서가 아닙니다. 세조 때 훈민정음으로 번역된 언해본 『금강경』이 간행된 이후 지금까지 백여 종이 넘는 한글본 『금강경』이 간행되었습니다. 하지만 정작 종단 표준본 『금강경』이 편찬되지 못해 같은 종도들 간에 서로 다른 경전을 독송해야 했습니다.

말과 글이 같아야 생각이 통하며, 생각이 통해야 종지(宗旨)가 드러나는 법입니다. 종단의 정체성을 바르게 확립하고 천하에 조계의 종풍을 드날리기 위해서는 종단적 검증을 거친 소의경전을 독송하는 것이 마땅합니다. 이에 조계종 교육원에서는 조계종 표준 『금강경』을 편찬하여 신행의 근간으로 삼는 것은 물론 경에 담긴 말씀을 보다 쉽고 명확하게 이해할 수 있도록 하였습니다.

이처럼 뜻깊은 조계종 표준 『금강경』이 편찬되기까지는 많은 분들의 열정과 헌신이 있었기에 가능했습니다. 먼저 편찬실무위원장을 맡아 21차례의 편찬회의를 주재하며 위원회를 이끌어 오신 연관 스님께 감사의 말씀을 드립니다. 더불어 편찬실무위원으로 참여하여 평생 쌓아온 지혜를 보태주신 위원들께도 감사드립니다. 나아가 어려운 여건 속에서도 본 사업을 기획하고 원만히 회향될 수 있도록 관계자들을 독려하며 맡은 바 소임을 다해 준 불학연구소장 현종 스님에게 감사를 전합니다. 끝으로 편찬실무를 담당해 준 상임연구원 요경 스님과 세미

나와 공청회 등에 참석하여 고견을 보태주신 여러 학자와 불자들께도 종단을 대표하여 감사의 말씀을 전합니다.

『금강경』에는 아승기 세계에 칠보를 가득 채워 보시하는 것보다 『금강경』을 받고 지니고 읽고 외워서 다른 사람을 위해 연설해 주는 공덕이 더 크다고 했습니다. 조계종 표준 『금강경』이 편찬되기까지 음으로 양으로 노고를 아끼지 않으신 분들의 고마움을 일일이 치하하지 않더라도 그 자체로 무량한 복덕이 되었으리라 생각합니다. 부디 이 『금강경』을 의지하여 금강의 지혜를 체득하고 불법의 광대한 바다를 건너가시기를 기원합니다.

눈 밝은 사람이
천길 바다 밑을 환히 보는 사람이
수없는 잠수 끝에 건져 올린 금강석
거기 갈고 다듬어 둥근 손잡이 만들었더니
그 앞에 바람이 되지 않는 바위가 없고
허공이 되지 않는 철벽도 없네
이로써 펼치는 곳마다 물이 흐르는 금강경

불기 2553(09)년 1월

대한불교조계종 교육원장 청화 합장

편찬사

석존께서 입멸하신 지 950여 년 만인 後秦 弘始 4년(402)에 구마라집 스님이 이 경을 한역하셨고, 그 후 천여 년 후인 조선 세종(1419-1450) 때 한글이 창제된 후 구마라집 한역본을 저본으로 처음 이 경이 諺解되었으며, 그 후 500여 년 후인 1924년에 백용성 스님께서 현대 한글로 國譯科解하였습니다. 그리고는 스님께서 국역하신 지 80여 년 만에 조계종 표준『금강반야바라밀경』을 삼가 삼보님 전에 올립니다.

용성 스님께서 55장 110면의 노루지 華藏本으로, 명실공히 한글로는 처음 이 경을 번역하신 지 80여 년이 지난 오늘, 실로 汗牛充棟이라 할 만큼 무려 수백 종에 이르는 한글 번역본이 출간되었고, 근거를 알 수 없는 수많은 한역본이 난립 유통되고 있으니, 이것이 조계종의 소의경전인『금강경』을 마땅히 교감 · 정리하여 경의 뜻에 맞는 올바른 우리말 역본을 만들어야 했던 까닭인 것입니다.

그리하여 2007년 5월 15일 금강경편찬실무위원회를 만들고 2년여 동안 21차의 회의와 2번의 세미나와 1번의 공청회와 역경위원과 교직자 스님들의 감수를 거쳐 이와 같은 한문 · 한글 표준본을 詳定하게 되었습니다.

이 표준본은 다음과 같이 교감 · 번역하였습니다.『금강경』에는 여섯 가지 譯本이 있습니다만, 六譯 중 제일 먼저 한역되고 우리나라 불자들의 입과 귀에 익은 구마라집 스님의 한역본을 채택하였습니다. 그리고 수많은 판본 가운데 우리의 자랑거리인 고려장경의 것을 저본으로 정했습니다.

먼저 고려장경의 것을 가지고 唐咸通九年板本, 磧砂大藏經, 永樂北藏, 龍藏을 對校本으로, 房山石經과 敦煌筆寫本과 金剛經全書와 佛光大藏經을 參考本으로 삼아 이것들과 대조하여 고려장경에서 여덟 군데를 교감하였습니다.

한글 번역에는 구마라집 스님의 한역을 저본으로 삼으면서 그 외 다섯 가지 이역본과, 梵本인 에드워드 콘즈 교수의 교정본을 참고본으로 하여, 한글 세대에 맞게 쉬운 우리말 어휘들을 써서 청소년은 물론 연로하신 신도님들도 한눈에 부처님의 뜻이 선연히 전해지도록 하였습니다.

동시에 이 경은 전문적으로 연찬하시는 스님들에게도 공부에 많은 도움이 되리라고 믿어 의심치 않습니다. 경문을 좀 더 깊이 있게 이해하고자 하는 이를 위하여 脚註를 달아 經義의 이해를 도왔고, 부록으로 우리말 술어를 주어로 하여 한역과 범어를 대조하여 그 뜻을 한눈에 알 수 있게 한 것도 이 역본의 또 달리 눈여겨 볼 점이라고 생각됩니다.

아무쪼록 불자님들이 이 조계종 표준본에 의해 반야와 깊은 인연이 맺어진다면 이 불사를 주관한 교육원과 저희 편찬실무위원들에게는 무엇과도 바꿀 수 없는 보람이겠습니다.

불기 2553(09)년 1월 20일

금강경편찬실무위원회 위원장 연관 합장

금강반야바라밀경

金剛般若波羅蜜經
금 강 반 야 바 라 밀 경

확고한 지혜의 완성에 이르는 길

姚秦 天竺三藏 鳩摩羅什 譯
요진 천축삼장 구마라집 역
대한불교조계종 교육원 옮김

一. 法會因由分
법회인유분

如是我聞 一時 佛在舍衛國祇樹給孤獨園 與大比丘衆
여시아문 일시 불재사위국기수급고독원 여대비구중

千二百五十人俱 爾時 世尊食時 着衣持鉢 入舍衛大
천이백오십인구 이시 세존식시 착의지발 입사위대

城乞食 於其城中 次第乞已 還至本處 飯食訖 收衣鉢
성걸식 어기성중 차제걸이 환지본처 반사흘 수의발

洗足已 敷座而坐
세족이 부좌이좌

1. 법회의 인연

이와 같이 나는 들었습니다. 어느 때 부처님께서 거룩한 비구 천이백 오십 명과 함께 사위국 기수급고독원에 계셨습니다. 그때 세존께서는 공양 때가 되어 가사를 입고 발우를 들고 걸식하고자 사위대성에 들어 가셨습니다. 성 안에서 차례로 걸식하신 후 본래의 처소로 돌아와 공양을 드신 뒤 가사와 발우를 거두고 발을 씻으신 다음 자리를 펴고 앉으셨습니다.[1]

1 범본에서는 '부좌이좌(敷座而坐, 자리를 펴고 앉다)'가 '두 발을 씻고 미리 준비된 자리에 가부좌를 하고 몸을 곧게 세우고 전면(前面)에 마음챙김을 확립하시고서 앉으셨습니다.'로 나타난다. 5종의 이역본에서는 구마라집 스님과 달리 범본과 같이 축약된 부분이 없이 번역하고 있다. 범본의 이 문장은 빠알리어(초기) 경전의 여러 곳과 산스끄리뜨로 된 부파불교와 초기 대승의 몇몇 경에서 정형구로 나타나고 있다. 빠알리 논장의 『분별론』에 의하면 여기서 전면(parimukhaṃ)이란 코끝이나 입의 표상을 뜻한다고 한다.(Vbh.252) 그리고 『분별론 주석서』는 입의 표상은 구체적으로 들숨날숨이 닿는 윗입술의 가운데 부분이라고 설명하고 있다.(VbhA.368) 한편 『금강경 간정기』는 본 문단의 '그때 세존께서는' 이하는 삼학(三學) 가운데 계학(戒學)을 나타내며, 지금 이 부분은 정학(定學)을 설하신 것이라고 설명하고 있다.(刊.152~166) 즉 계(戒)와 정(定, 삼매)이 아래 제3 대승정종분(大乘正宗分) 이하 본경 전체에서 설해지고 있는 반야(般若, 지혜, 慧學)의 근본 뜻(正宗)을 일으키는 토대가 되는 것으로 해석한다.

二. 善現起請分
선 현 기 청 분

時 長老須菩提 在大衆中 卽從座起 偏袒右肩 右膝着
시 장로수보리 재대중중 즉종좌기 편단우견 우슬착

地 合掌恭敬 而白佛言 希有世尊 如來善護念諸菩薩
지 합장공경 이백불언 희유세존 여래선호념제보살

善付囑諸菩薩 世尊 善男子善女人 發阿耨多羅三藐
선부촉제보살 세존 선남자선여인 발아누다라삼먁

三菩提心 應云何住 云何降伏其心 佛言 善哉善哉 須
삼보리심 응운하주 운하항복기심 불언 선재선재 수

菩提 如汝所說 如來 善護念諸菩薩 善付囑諸菩薩 汝
보리 여여소설 여래 선호념제보살 선부촉제보살 여

今諦聽 當爲汝說 善男子善女人 發阿耨多羅三藐三
금제청 당위여설 선남자선여인 발아누다라삼먁삼

菩提心 應如是住 如是降伏其心 唯然世尊 願樂欲聞
보리심 응여시주 여시항복기심 유연세존 원요욕문

2. 수보리가 법을 물음

그때 대중 가운데 있던 수보리 장로가 자리에서 일어나 오른쪽 어깨를 드러내고 오른 무릎을 땅에 대며 합장하고 공손히 부처님께 여쭈었습니다.

"경이롭습니다,[2] 세존이시여! 여래께서는 보살들을 잘 보호해 주시며 보살들을 잘 격려해 주십니다. 세존이시여! 가장 높고 바른 깨달음[3]을 얻고자 하는 선남자 선여인이 어떻게 살아야 하며 어떻게 그 마음을 다스려야 합니까?"[4]

부처님께서 말씀하셨습니다.

2 한역 '희유(希有)'는 '세상에 이런 분이 없다.'는 뜻으로 부처님을 찬탄하는 말이다. 큰 자비와 매우 교묘한 방편으로 중생의 근기에 맞게 많은 법을 설하여 각기 이익을 얻게 하시기 때문이다. '경이롭다'라고 옮긴 것은 범어 'āścaryaṃ'에 따른 것이다.

3 '가장 높고 바른 깨달음'은 '아누다라삼먁삼보리(阿耨多羅三藐三菩提)'를 직역한 것이다. 구마라집 스님은 『금강경』 전체에서 범본 'bodhisattva-yāna(보살승)'를 '아누다라삼먁삼보리'로 의역하고 있다. 보살승에 굳게 나아가는 자야말로 가장 높고 바른 깨달음을 얻고자 하기 때문일 것이다. 본경 전체에서 누(耨)은 '누'로 통일해서 읽는다. 산스끄리뜨 음가 (anuttara[아눗따라])와도 가깝고 한문 독음도 '누'이기 때문이다.

4 앞 문단에서 여래를 찬탄한 후에 수보리는 부처님께, 큰 깨달음을 얻고자 하는 보살은 ① 어떻게 살아야 하며[應云何住] ② 어떻게 그 마음을 다스려야 하는가[云何降伏其心]를 묻고 있다. 이와 같이 구마라집본에서는 두 가지 질문을 하고 있으나 범본과 여타 이역본에서는 '어떻게 수행해야 하며[云何修行]'라는 질문을 더하고 있다. 보리유지본에서는 '어떻게 아누다라삼먁삼보리의 마음을 내며'가 들어가서 네 가지 질문으로 나타나기도 한다. 구마라집본에서 '운하수행(云何修行)'을 생략한 것은 어떻게 살아야 할지를 아는 것과 마음을 다스리는 것이 바로 수행이라고 이해했기 때문일 것이다.

"훌륭하고 훌륭하다. 수보리여! 그대의 말과 같이 여래는 보살들을 잘 보호해 주며 보살들을 잘 격려해 준다. 그대는 자세히 들어라. 그대에게 설하리라. 가장 높고 바른 깨달음을 얻고자 하는 선남자 선여인은 이와 같이 살아야 하며 이와 같이 그 마음을 다스려야 한다."

"예, 세존이시여!"라고 하며 수보리는 즐거이 듣고자 하였습니다.[5]

三. 大乘正宗分
대승정종분

佛告 須菩提 諸菩薩摩訶薩 應如是降伏其心 所有一切
불고 수보리 제보살마하살 응여시항복기심 소유일체

衆生之類 若卵生 若胎生 若濕生 若化生 若有色 若無
중생지류 약란생 약태생 약습생 약화생 약유색 약무

色 若有想 若無想 若非有想非無想 我皆令入 無餘涅
색 약유상 약무상 약비유상비무상 아개영입 무여열

5 기존의 번역에서는 '원요욕문(願樂欲聞, 즐거이 듣고자 하였습니다)'까지를 모두 수보리의 말로 옮겨왔다. 그러나 범본에 의하면 '예, 세존이시여![evaṃ Bhagavaṁ]' 뒤에 직접인용이 끝났음을 나타내는 불변화사 'iti(~라고)'가 있다. 따라서 "예, 세존이시여(唯然世尊)"까지가 수보리의 말임을 알 수 있다. 이역본 중 달마급다 스님은 〈조계종 표준본〉과 같이 한역하고 있다.

槃 而滅度之 如是滅度 無量無數無邊衆生 實無衆生
반 이멸도지 여시멸도 무량무수무변중생 실무중생

得滅度者 何以故 須菩提 若菩薩 有我相 人相 衆生相
득멸도자 하이고 수보리 약보살 유아상 인상 중생상

壽者相 卽非菩薩
수자상 즉비보살

3. 대승의 근본 뜻

부처님께서 수보리에게 말씀하셨습니다.

"모든 보살마하살은 다음과 같이 그 마음을 다스려야 한다. '알에서 태어난 것이나, 태에서 태어난 것이나, 습기에서 태어난 것이나, 변화하여 태어난 것이나, 형상이 있는 것이나, 형상이 없는 것이나, 생각이 있는 것이나, 생각이 없는 것이나, 생각이 있는 것도 아니고 없는 것도 아닌 온갖 중생들을 내가 모두 완전한 열반에 들게 하리라. 이와 같이 헤아릴 수 없이 많은 중생을 열반에 들게 하였으나, 실제로는 완전한 열반을 얻은 중생이 아무도 없다.'

왜냐하면 수보리여! 보살에게 자아가 있다는 관념, 개아가 있다는 관념, 중생이 있다는 관념, 영혼이 있다는 관념이 있다면 보살이 아니기 때문이다." [6)]

四. 妙行無住分
묘행무주분

復次須菩提 菩薩於法 應無所住 行於布施 所謂不住
부차수보리 보살어법 응무소주 행어보시 소위부주

色布施 不住聲香味觸法布施 須菩提 菩薩應如是布施
색보시 부주성향미촉법보시 수보리 보살응여시보시

6 이른바 '사상(四相)'에 대하여 많은 해석들이 있다. 상(相)에 해당하는 산스끄리뜨는 'saṃjñā'인데 구마라집 스님과 보리유지 스님은 '相'으로 번역하고, 나머지 4인(진제 스님·달마급다 스님·현장 스님·의정 스님)은 '想'으로 번역하고 있다. 산스끄리뜨 원어의 뜻에 보다 가까운 것은 '상(想)'이라 할 수 있다. 그러므로 원어의 뜻으로 볼 때 이 단어는 '인식'으로 옮겨야겠지만 사상(四相)은 단순한 인식이 아니라 고정관념[相]으로 정착된 것이라고 이해한 구마라집 스님의 견해에 따라서 '관념'으로 옮겼다. 이러한 네 가지 관념은 당시 인도의 여러 철학과 사상 내에 산재해 있던 '실체'를 나타내는 관념들이었다. 아상·인상·중생상·수자상은 모두 영원히 변하지 않는 자아[我相, ātman-saṃjñā], 영원히 변하지 않는 개아[人相, pudgala-saṃjñā], 영원히 변하지 않는 중생[衆生相, sattva-saṃjñā], 그리고 영원히 변하지 않는 영혼[壽者相, jīva-saṃjñā]이 실재한다는 관념이며, 이 넷은 동의어라고 보아도 좋다. 본 문맥에서 중생[sattva]은 부처의 반대 개념으로서의 중생을 의미하는 것이 아니라 '끊이지 않고 지속되는 존재(sat)'를 나타내는 것으로 이해해야 한다. 〈조계종 표준본〉에서는 이들 네 가지 관념을 각기 '자아가 있다는 관념', '개아가 있다는 관념', '중생이 있다는 관념', '영혼이 있다는 관념'으로 옮기고 있다. 한편 『대품반야경(大品般若經)』「초분상응품(初分相應品)」과 『대지도론(大智度論)』 제 35권 「석습상응품(釋習相應品)」에서는 16相을, 현장역본에서는 9相을 들고 있으며, 현존하는 범본과 구마라집역본에서는 4相으로 나타나고 있고, 보리유지역본에서는 중생(衆生)·수자(壽者)·인(人) 3相만이 나타나고 있다.

不住於相 何以故 若菩薩不住相布施 其福德不可思量
부주어상 하이고 약보살부주상보시 기복덕불가사량

須菩提 於意云何 東方虛空 可思量不 不也世尊 須菩
수보리 어의운하 동방허공 가사량부 불야세존 수보

提 南西北方 四維上下虛空 可思量不 不也世尊 須菩
리 남서북방 사유상하허공 가사량부 불야세존 수보

提 菩薩無住相布施福德 亦復如是 不可思量 須菩提
리 보살무주상보시복덕 역부여시 부가사량 수보리

菩薩但應如所教住
보살단응여소교주

4. 집착 없는 보시

"또한 수보리여! 보살은 어떤 대상[7]에도 집착 없이 보시해야 한다. 말하자면 형색에 집착 없이 보시해야 하며, 소리, 냄새, 맛, 감촉, 마음의

7 '보살은 어떤 대상에도'로 옮긴 한역은 '보살어법(菩薩於法)'이다. 여기서 '法'은 범어 'vastu'의 번역인데 이 단어는 '사물'이나 '대상' 등을 뜻한다. 구마라집 스님은 독특하게도 '法'으로 번역하여 『금강경』 속의 다른 '法'들과 외관상 구분하기 어렵게 하였다. 구마라집 스님 외 이역본에서 진제 스님만이 '이류(已流)'로, 나머지는 '사(事)'로 한역하였다. 〈조계종 표준본〉에서는 '대상'으로 옮겼다.

대상[8]에도 집착 없이 보시해야 한다.

수보리여! 보살은 이와 같이 보시하되 어떤 대상에 대한 관념[9]에도 집착하지 않아야 한다. 왜냐하면 보살이 대상에 대한 관념에 집착 없이 보시한다면 그 복덕은 헤아릴 수 없기 때문이다.

수보리여! 그대 생각은 어떠한가? 동쪽 허공을 헤아릴 수 있겠는가?"

"없습니다, 세존이시여!"

"수보리여! 남서북방, 사이사이, 아래 위 허공을 헤아릴 수 있겠는가?"

"없습니다, 세존이시여!"

"수보리여! 보살이 대상에 대한 관념에 집착하지 않고 보시하는 복덕도 이와 같이 헤아릴 수 없다. 수보리여! 보살은 반드시 가르친 대로 살아야 한다."[10]

---

8 '마음의 대상'은 '법(法, dharma)'의 번역어이다. 다르마(dharma)의 여러 가지 뜻 가운데 여기서는 의근(意根)의 대상을 뜻하므로 '마음의 대상'으로 옮겼다.

9 '대상에 대한 관념'은 '부주어상(不住於相)'의 '상(相)'을 옮긴 것이다. 여기서 상(相)은 범어 'nimitta-saṃjñā'를 한역한 것이다. 구마라집 스님 외에 다른 이역본에서는 모두 '상상(相想)'으로 번역하고 있다. 〈조계종 표준본〉에서는 범본과 이역본들을 참고하여 '대상에 대한 관념'으로 번역하였다. 한편 『금강경』에서 구마라집 스님이 '상(相)'으로 옮긴 범어는 'saṃjñā, nimitta-saṃjñā, lakṣaṇa'의 세 가지이다. 첫 번째는 사상(四相)의 문맥에서 쓰이고 있고, 둘째는 본 문단 한 곳에서만 나타나며, 세 번째는 32상의 문맥에서 나타나고 있다. 〈조계종 표준본〉에서는 이 셋을 각각 '관념'과 '대상에 대한 관념'과 '특징'으로 구분해서 옮기고 있다.

10 '반드시 가르친 대로 살아야 한다.'는 '단응여소교주(但應如所教住)'를 옮긴 것이다. 구마라집 스님은 이 가르침을 제2분의 '응운하주(應云何住, 어떻게 살아야 하는가?)'에 대한 결론으로 이해해서 이 문장을 넣어 한역한 듯하다. 위에서 한결같이 '집착하지 않아야 한다[不住].'고 가르치고서는, 여기 결론에서 '부주(不住)에 주(住)해야 한다.'고 하신 것이다.

五. 如理實見分
여리실견분

須菩提 於意云何 可以身相 見如來不 不也世尊 不可
수보리 어의운하 가이신상 견여래부 불야세존 불가

以身相 得見如來 何以故 如來所說身相 卽非身相 佛
이신상 득견여래 하이고 여래소설신상 즉비신상 불

告須菩提 凡所有相 皆是虛妄 若見諸相非相 卽見
고수보리 범소유상 개시허망 약견제상비상 즉견

如來
여래

5. 여래의 참모습

"수보리여! 그대 생각은 어떠한가? 신체적 특징[11]을 가지고 여래라고 볼 수 있는가?"

"없습니다, 세존이시여! 신체적 특징을 가지고 여래라고 볼 수는 없습

11 '신체적 특징'은 '신상(身相)'을 옮긴 것이다. 범어는 'lakṣaṇa-sampadā'인데 직역하면 '특징을 구족함'이다. 〈조계종 표준본〉에서는 범본을 참고해 '신체적 특징'으로 옮겼다. 신상(身相) 혹은 신체적 특징은 부처님의 32상을 말한다.

니다. 왜냐하면 여래께서 말씀하신 신체적 특징은 바로 신체적 특징이 아니기 때문입니다."

부처님께서 수보리에게 말씀하셨습니다.

"신체적 특징들은 모두 헛된 것이니 신체적 특징이 신체적 특징 아님을 본다면 바로 여래를 보리라." [12]

12 기존의 번역들은 '모든 형상은 다 허망하니, 상이 상 아님을 보면 여래를 보리라.'로 옮기고 있다. 범어 원문에 의하면, "수보리여! 신체적 특징들은 모두 헛된 것이며, 신체적 특징이 아닌 것은 헛된 것이 아니다. 참으로 이렇게 신체적 특징과 신체적 특징 아님을 본다면 바로 여래를 보리라(yāvat Subhūte lakṣaṇa-sampat tāvan mṛṣā, yāvad alakṣaṇa-sampat tāvan na mṛṣeti hi lakṣaṇa-alakṣaṇatas Tathāgato drāṣṭavyaḥ)."라고 되어 있다. 원문과 구마라집 스님 역본을 비교해 보면, 밑줄 그은 부분을 구마라집 스님은 번역하지 않고 있다. '약견제상비상(若見諸相非相)'의 번역에는 두 가지 의견이 있다. '제상비상'에 해당하는 범어 원문은 'lakṣaṇa-alakṣaṇatas'라는 복합어이다. 이를 주어와 술어의 관계로 파악해서 ① '신체적 특징이 신체적 특징 아님'으로 해석하는 방식과 병렬관계로 파악해서 ② '신체적 특징과 신체적 특징 아님'으로 번역하는 방식이 있다. 〈조계종 표준본〉에서는 다수 의견을 취하여 ①과 같이 옮긴다. 그리고 한역 범소유상(凡所有相)의 상(相)을 범부와 성자[凡·聖]나 의보와 정보(依·正)와 같은 일체 조건 지워진 고정관념[有爲相]을 지칭한 것으로 볼 수도 있다. 즉 위에서 개별적으로 신체적 특징을 말씀하신 뒤에 여기서는 '부처님의 신체적 특징뿐만 아니라 조건 지워진 모든 존재나 고정관념도 다 허망한 것이다.'라고 하신 것으로도 이해할 수 있다는 뜻이다.

六. 正信希有分
정신희유분

須菩提白佛言 世尊 頗有衆生 得聞如是言說章句 生
수보리백불언 세존 파유중생 득문여시언설장구 생

實信不 佛告須菩提 莫作是說 如來滅後 後五百歲 有
실신부 불고수보리 막작시설 여래멸후 후오백세 유

持戒修福者 於此章句 能生信心 以此爲實 當知是人
지계수복자 어차장구 능생신심 이차위실 당지시인

不於一佛二佛三四五佛 而種善根 已於無量 千萬佛所
불어일불이불삼사오불 이종선근 이어무량 천만불소

種諸善根 聞是章句 乃至一念 生淨信者 須菩提 如來
종제선근 문시장구 내지일념 생정신자 수보리 여래

悉知悉見 是諸衆生 得如是 無量福德 何以故 是諸衆
실지실견 시제중생 득여시 무량복덕 하이고 시제중

生 無復我相人相衆生相壽者相 無法相 亦無非法相
생 무부아상인상중생상수자상 무법상 역무비법상

何以故 是諸衆生 若心取相 卽爲着我人衆生壽者 若
하이고 시제중생 약심취상 즉위착아인중생수자 약

取法相 卽着我人衆生壽者 何以故 若取非法相 卽着
취법상 즉착아인중생수자 하이고 약취비법상 즉착

我人衆生壽者 是故 不應取法 不應取非法 以是義故
아인중생수자 시고 불응취법 불응취비법 이시의고

如來常說 汝等比丘 知我說法 如筏喩者 法尙應捨 何
여래상설 여등비구 지아설법 여벌유자 법상응사 하

況非法
황비법

6. 깊은 믿음

수보리가 부처님께 여쭈었습니다.

"세존이시여! 이와 같은 말씀을 듣고 진실한 믿음을 내는 중생들이 있겠습니까?"

부처님께서 수보리에게 말씀하셨습니다.

"그런 말 하지 마라. 여래가 열반에 든 오백 년 뒤[13]에도 계를 지니고

---

13 '오백 년 뒤'는 '후오백세(後五百歲)'를 옮긴 것이다. 『大集經』과 중국 삼론종의 창시자인 길장(吉藏) 스님이 지은 『中觀論疏』나 중국에서 저술된 몇몇 『금강경』 주석서들에는 부처님께서 입멸하신 후 불법의 미래를 각각 500년씩 다섯 단계로 나누어 설명하는 견해가 나타난다. 첫 번째 500년은 해탈에 몰두하는 시대[解脫堅固], 두 번째 500년은 선

복덕을 닦는 이는 이러한 말에 신심을 낼 수 있고 이것을 진실한 말로 여길 것이다. 이 사람은 한 부처님이나 두 부처님, 서너 다섯 부처님께 선근을 심었을 뿐만 아니라 이미 한량없는 부처님 처소에서 여러 가지 선근을 심었으므로 이 말씀을 듣고 잠깐이라도 청정한 믿음을 내는 자임을 알아야 한다.

수보리여! 여래는 이러한 중생들이 이와 같이 한량없는 복덕 얻음을 다 알고 다 본다.[14] 왜냐하면 이러한 중생들은 다시는 자아가 있다는 관념, 개아가 있다는 관념, 중생이 있다는 관념, 영혼이 있다는 관념이 없

정에 몰두하는 시대[禪定堅固], 세 번째 500년은 교학에 몰두하는 시대[多聞堅固], 네 번째 500년은 가람짓기에 몰두하는 시대[塔寺堅固], 다섯 번째 500년은 투쟁이 난무하는 시대[鬪爭堅固]라고 보고 있다. 그러므로 여기서 후오백세(後五百歲)를 이 가운데 마지막 500년 투쟁의 시기로 보는 것이 중국불교와 한국불교의 일반적인 견해라 할 수 있다. 그런데 범본에는 단지 500년(paścimāyāṁpañca-śatyāṁ)으로 나타나고 있으며, 현장·의정 스님은 이를 반영하여 500년으로 옮겼다. 특히 달마급다 스님은 후분오십(後分五十)으로 옮기고 있다.(그러나 제16품(能淨業障分 第十六)에서는 달마급다 스님도 '後分五百'으로 옮기고 있다.) 다른 역본에는 500이라는 숫자를 언급하지 않고 다만 미래세, 혹은 미래말세, 혹은 정법멸시라고 하였다. 〈조계종 표준본〉에서는 여러 본을 참조하여 '오백 년 뒤'로 통일해서 옮겼다.

14 한역만으로 볼 때는 '다 알고(悉知) 다 보는(悉見)' 행위의 대상이 '중생(衆生)'에서 끝나는지, 아니면 '한량없는 복덕 얻음(無量福德)'까지 이어지는지 분명하지 않다. 〈조계종 표준본〉에서는 범본을 참고하여 후자의 경우에 따라 옮겼다. 한편, 한역 '여래실지실견(如來悉知悉見)'을 '여래께서 모두 알고 모두 보시므로'라고 옮기기도 한다. 미래 말세에도 이러한 말에 신심을 낼 수 있고 진실한 말로 여길 수 있는 까닭은, 첫째 수많은 부처님께 선근을 심고 부처님의 말씀을 듣고 잠깐만이라도 청정한 믿음을 내었기 때문이요(바로 위 문장), 둘째 여래께서 이들을 모두 섭수해[悉知悉見] 주시므로 위에서 말한 시방허공을 헤아릴 수 없는 것과 같이 무량한 복덕을 받는다는 뜻이다.

고, 법이라는 관념이 없으며 법이 아니라는 관념도 없기 때문이다.

왜냐하면 이러한 중생들이 마음에 관념을 가지면 자아·개아·중생·영혼에 집착하는 것이고 법이라는 관념을 가지면 자아·개아·중생·영혼에 집착하는 것이기 때문이다.

왜냐하면 법이 아니라는 관념을 가져도 자아·개아·중생·영혼에 집착하는 것이기 때문이다. 그러므로 법에 집착해도 안 되고 법 아닌 것에 집착해서도 안 된다.

그러기에 여래는 늘 설했다. 너희 비구들이여! 나의 설법은 뗏목과 같은 줄 알아라. 법도 버려야 하거늘 하물며 법 아닌 것이랴!"

七. 無得無說分
무득무설분

須菩提 於意云何 如來得阿耨多羅三藐三菩提耶 如
수보리 어의운하 여래득아누다라삼먁삼보리야 여

來有所說法耶 須菩提言 如我解佛所說義 無有定法 名
래유소설법야 수보리언 여아해불소설의 무유정법 명

阿耨多羅三藐三菩提 亦無有定法 如來可說 何以故
아누다라삼먁삼보리 역무유정법 여래가설 하이고

如來所說法 皆不可取 不可說 非法 非非法 所以者何
여래소설법 개불가취 불가설 비법 비비법 소이자하

一切賢聖 皆以無爲法 而有差別
일체현성 개이무위법 이유차별

7. 깨침과 설법이 없음

"수보리여! 그대 생각은 어떠한가? 여래가 가장 높고 바른 깨달음을 얻었는가? 여래가 설한 법이 있는가?"

수보리가 대답하였습니다.

"제가 부처님께서 말씀하신 뜻을 이해하기로는 가장 높고 바른 깨달음이라 할 만한 정해진 법이 없고, 또한 여래께서 설한 단정적인 법도 없습니다. 왜냐하면 여래께서 설한 법은 모두 얻을 수도 없고 설할 수도 없으며, 법도 아니고 법 아님도 아니기 때문입니다. 그것은 모든 성현들이 다 무위법 속에서 차이가 있는[15] 까닭입니다."

15 범어 원문에는 모든 성현들은 무위법, 즉 열반을 체험했다는 점은 같지만 그 속에서 계위에 차이가 있다는 뜻으로 나타나고 있고, 구마라집 스님도 '개이무위법 이유차별(皆以無爲法 而有差別)'로 한역하였다. 그래서 〈조계종 표준본〉에서는 '무위법 속에서 차이가 있다.'로 옮겼다. 이는 또한 제9 일상무상분(一相無相分)에서 수다원, 사다함, 아나함, 아라한의 네 가지 과위[聲聞四果]에 차이가 나타나는 것과 일맥상통하며 초기경전의 가르침과도 일치한다.

八. 依法出生分
의 법 출 생 분

須菩提 於意云何 若人 滿三千大千世界七寶 以用布
수보리 어의운하 약인 만삼천대천세계칠보 이용보

施 是人 所得福德 寧爲多不 須菩提言 甚多世尊 何以
시 시인 소득복덕 영위다부 수보리언 심다세존 하이

故 是福德 卽非福德性 是故如來說福德多 若復有人
고 시복덕 즉비복덕성 시고여래설복덕다 약부유인

於此經中 受持乃至四句偈等 爲他人說 其福勝彼 何
어차경중 수지내지사구게등 위타인설 기복승피 하

以故 須菩提 一切諸佛 及諸佛阿耨多羅三藐三菩提
이고 수보리 일체제불 급제불아누다라삼먁삼보리

法 皆從此經出 須菩提 所謂佛法者 卽非佛法
법 개종차경출 수보리 소위불법자 즉비불법

8. 부처와 깨달음의 어머니, 금강경

"수보리여! 그대 생각은 어떠한가? 어떤 사람이 삼천대천세계에 칠보를 가득 채워 보시한다면 이 사람의 복덕이 진정 많겠는가?"

수보리가 대답하였습니다.

"매우 많습니다, 세존이시여! 왜냐하면 이 복덕은 바로 복덕의 본질이 아닌 까닭에 여래께서는 복덕이 많다고 하셨기 때문입니다."[16]

"다시 어떤 사람이 이 경의 사구게[17]만이라도 받고 지니고 다른 사람

16 본문에 나타나는 '복덕(福德)', '복덕의 본질[福德性]', '복덕이 많다[福德多]'는, 범본에 따르면 동일하게 '복덕의 쌓임(puṇya-skandha)'이다. 따라서 범본을 직역하면, "복덕의 쌓임이라는 것은 (복덕의) 쌓임이 아니라고 말해진다. 그러므로 복덕의 쌓임이라고 말한다." 고 옮길 수 있다. 한편, '이 복덕'이란 삼천대천세계에 칠보를 가득 채워 남에게 보시한 복덕을 말한다. 이 유위(有爲)의 복덕은 복이니 복이 아니니 복이 많으니 적으니를 초월한 절대무위의 복덕성 [복덕의 본성]이 아니다. 그러므로 이 유희의 복을 복덕이 많다고도 말할 수 있는 것이다.

17 사구게(四句偈, 슬로카[śloka])는 인도의 시 형식으로 8음절을 1句로 하여 4句 즉 32음절로 된 게송을 말한다. 또 슬로카(śloka)는 산문(散文)의 길이를 나타내기도 하는데, 『소품반야경(小品般若經)』을 팔천송반야(八千頌般若)라고 하는 것이 그 예이다. 이 경우에 팔천송은 8,000×32 = 256,000의 음절을 뜻한다. 이 四句偈에 대하여 여러 가지 설이 있다. 어떤 이는 무아(無我), 무인(無人), 무중생(無衆生), 무수자(無壽者)를, 혹은 약이색견아(若以色見我) 등을, 혹은 일체유위법(一切有爲法) 등을, 혹은 범소유상(凡所有相) 등을, 또는 경전 가운데 임의로 취한 어떤 경문을 말한다고 하였다. 규봉 스님의 『금강경찬요(金剛經纂要)』에서는 "문장은 간혹 증감하여 꼭 사구(四句)일 필요는 없겠으나, 일구(一句)에 일의(一義)를 갖추어서 유(有), 무(無), 역유역무(亦有亦無), 비유비무(非有非無)의 뜻을 완벽하게 갖추어야 한다. 예컨대 '범소유상 개시허망 약견제상비상 즉견여래(凡所有相 皆是虛妄 若見諸相非相 則見如來)'와 같은 것이다. 범소구(凡所句)는 유구(有句)요 개시구(皆是句)

을 위해 설해 준다고 하자. 그러면 이 복이 저 복보다 뛰어나다. 왜냐하면 수보리여! 모든 부처님과 모든 부처님의 가장 높고 바른 깨달음의 법은 다 이 경에서 나왔기 때문이다. 수보리여! 부처의 가르침이라고 말하는 것은 부처의 가르침이 아니다."

九. 一相無相分
일상무상분

須菩提 於意云何 須陀洹 能作是念 我得須陀洹果不
수보리 어의운하 수다원 능작시념 아득수다원과부

須菩提言 不也世尊 何以故 須陀洹 名爲入流 而無所
수보리언 불야세존 하이고 수다원 명위입류 이무소

入 不入色聲香味觸法 是名須陀洹 須菩提 於意云何
입 불입색성향미촉법 시명수다원 수보리 어의운하

斯陀含 能作是念 我得斯陀含果不 須菩提言 不也世
사다함 능작시념 아득사다함과부 수보리언 불야세

는 무구(無句)요 약견구(若見句)는 역유역무구(亦有亦無句)요 즉견구(則見句)는 비유비무구(非有非無句)다. 이 사구의(四句義)를 자신이 지니고 남을 위해 설해주어야만 능히 보리에 나아갈 수 있다."고 하였다.

尊 何以故 斯陀含 名一往來 而實無往來 是名斯陀含
존 하이고 사다함 명일왕래 이실무왕래 시명사다함

須菩提 於意云何 阿那含 能作是念 我得阿那含果不
수보리 어의운하 아나함 능작시념 아득아나함과부

須菩提言 不也世尊 何以故 阿那含 名爲不來 而實無
수보리언 불야세존 하이고 아나함 명위불래 이실무

不來[1] 是故 名阿那含 須菩提 於意云何 阿羅漢 能作是
불래 시고 명아나함 수보리 어의운하 아라한 능작시

念 我得阿羅漢道不 須菩提言 不也世尊 何以故 實無
념 아득아라한도부 수보리언 불야세존 하이고 실무

有法 名阿羅漢 世尊 若阿羅漢 作是念 我得阿羅漢道
유법 명아라한 세존 약아라한 작시념 아득아라한도

卽爲着我人衆生壽者 世尊 佛說我得無諍三昧人中 最
즉위착아인중생수자 세존 불설아득무쟁삼매인중 최

爲第一 是第一離欲阿羅漢 我不作是念 我是離欲阿羅
위제일 시제일이욕아라한 아부작시념 아시이욕아라

漢 世尊 我若作是念 我得阿羅漢道 世尊則不說 須菩
한 세존 아약작시념 아득아라한도 세존즉불설 수보

提 是樂阿蘭那行者 以須菩提實無所行 而名須菩提 是
리 시요아란나행자 이수보리실무소행 이명수보리 시

樂阿蘭那行
요아란나행

9. 관념과 그 관념의 부정

"수보리여! 그대 생각은 어떠한가? 수다원이 '나는 수다원과를 얻었다.'고 생각하겠는가?"

수보리가 대답하였습니다.

"아닙니다, 세존이시여! 왜냐하면 수다원은 '성자의 흐름에 든 자'[18] 라

18 '수다원(須陀洹)'은 범어 '스로따빤나(srotāpanna, 빠알리:sotāpanna)'의 음역어이다. 'srota'는 '흐름'을, 'āpanna'는 '~에 들어간'의 뜻이다. 그래서 구마라집 스님은 수다원(須陀洹)으로 음역을 하고 입류(入流, 흐름에 든 자)로 의역을 하였다. 본 품에는 예류자, 일래자, 불환자, 아라한 등 성자의 네 가지 지위[聲聞四果]가 나타나고 있다. 초기불교에서는 깨달음을 실현한 예류자, 일래자, 불환자, 아라한의 성자(ariya)들을 10가지 족쇄(saṁyojana)를 얼마나 많이 풀어내었는가와 연결지어서 설명한다. 먼저 열 가지 족쇄를 간략히 살펴보면 다음과 같다. ① 유신견(有身見, sakkāya-diṭṭhi): 자아가 있다는 견해. 중생을 중생이게끔 기만하고 오도하는 가장 근본적인 삿된 견해로, 고정불변하는 자아 혹은 실체가 있다고 국집하는 견해이다. 초기경에서는 오온의 각각에 대해서 네 가지로 자아 등이 있다고 여기는 것으로 설명한다. ② 계율과 의식(혹은 誓戒)에 대한 집착[戒禁取, sīlabbata-parāmāsa]: 형식적 계율과 의식을 지킴으로써 해탈할 수 있다고 집착하는 것. ③ 의심[疑, vicikicchā]: 불/법/승, 계율, 연기법 등을 회의하여 의심하는 것. ④ 감각적 욕망(kāma-rāga): 감각적 쾌락에 대한 욕망. ⑤ 적의(paṭigha): 반감, 증오, 분개, 적대감 등을 뜻하며 성내는 마음[瞋心]과 동의어이다. ⑥ 색계에 대한 집착(rūpa-rāga): 색계 禪(초선부터 제4선까지)으로 실현되는 경지에 대한 집착. ⑦ 무색계에 대한 집착(arūpa-rāga): 무색계 禪(공

고 불리지만 들어간 곳이 없으니 형색, 소리, 냄새, 맛, 감촉, 마음의 대상에 들어가지 않는 것을 수다원이라 하기 때문입니다."

"수보리여! 그대 생각은 어떠한가? 사다함이 '나는 사다함과를 얻었다.'고 생각하겠는가?"

수보리가 대답하였습니다.

"아닙니다, 세존이시여! 왜냐하면 사다함은 '한 번만 돌아올 자'[19]라고 불리지만 실로 돌아옴이 없는 것을 사다함이라 하기 때문입니다."

"수보리여! 그대 생각은 어떠한가? 아나함이 '나는 아나함과를 얻었

무변처부터 비상비비상처까지)으로 실현되는 경지에 대한 집착. ⑧ 자만[慢, māna]: 내가 남보다 낫다, 못하다, 동등하다 하는 마음. ⑨ 들뜸(掉擧, uddhacca): 들뜨고 불안한 마음. ⑩ 무명(無明, avijjā): 사성제와 연기법 등을 모르는 것. 이 가운데서 유신견, 계율과 의식에 대한 집착, 의심, 감각적 욕망, 적의, 이 다섯은 아래의 [욕계에서] 생긴 무더기(蘊) 등을 결박하기 때문에 낮은 단계의 족쇄[下分結]라 부른다.(『청정도론』XXII. 48) 그리고 색계에 대한 탐욕, 무색계에 대한 탐욕, 자만, 들뜸, 무명, 이 다섯은 위의 [색계와 무색계]에서 생긴 무더기(蘊) 등을 결박하기 때문에 높은 단계의 족쇄[上分結]라 부른다.(Ibid) 예류자(sotāpatti)는 유신견, 계율과 의식에 대한 집착, 의심의 세 가지 족쇄가 완전히 풀린 사람이고, 일래자(sakadāgami)는 이 세 가지가 완전히 다 풀렸을 뿐만 아니라 감각적 욕망과 적의의 두 가지 족쇄가 아주 엷어진 사람이다. 불환자(anāgami)는 다섯 가지 낮은 단계의 족쇄가 완전히 다 풀려나간 사람이고, 아라한(arahan)은 열 가지 모든 족쇄를 다 풀어버린 사람이다.(A.318~319)

19 '사다함(斯陀含)'은 범어 '사끄릇아가미(sakṛdāgami, 빠알리: sakadāgami)'의 음역이다. 'sakṛd'은 한 번을, 'āgami'는 '옴, 돌아옴'의 뜻이다. 그래서 구마라집은 사다함(斯陀含)으로 음역을 하고 일왕래(一往來, 한 번만 돌아올 자)로 의역을 하였다. 중국에서는 일래(一來)로 정착이 되었다. 사다함은 처음 세 가지 족쇄를 다 끊고 네 번째와 다섯 번째인 감각적 욕망과 적의의 족쇄가 엷어졌기 때문에 한 번만 더 이 욕계 세상으로 돌아오게 된다고 한다.

다.'고 생각하겠는가?"

수보리가 대답하였습니다.

"아닙니다, 세존이시여! 왜냐하면 아나함은 '되돌아오지 않는 자'[20]라고 불리지만 실로 되돌아오지 않음이 없는 것을 아나함이라 하기 때문입니다."

"수보리여! 그대 생각은 어떠한가? 아라한이 '나는 아라한의 경지를 얻었다.'고 생각하겠는가?"

수보리가 대답하였습니다.

"아닙니다, 세존이시여! 왜냐하면 실제 아라한이라 할 만한 법이 없기 때문입니다. 세존이시여! 아라한이 '나는 아라한의 경지를 얻었다.'고 생각한다면 자아·개아·중생·영혼에 집착하는 것입니다.

세존이시여! 부처님께서 저를 다툼 없는 삼매[21]를 얻은 사람 가운데 제일이고 욕망을 여읜 제일가는 아라한이라고 말씀하셨습니다. 저는 '나는 욕망을 여읜 아라한이다.'라고 생각하지 않습니다.

---

20 '아나함(阿那含)'은 범어 '아나가미(anāgami, 빠알리: 같음)'의 음역어이다. 이것은 돌아옴을 뜻하는 'aagami'에다 부정접두어 'an-'을 붙여서 만든 단어로 '돌아오지 않음'을 뜻한다. 그래서 구마라집은 아나함(阿那含)으로 음역을 하고 불래(不來, 되돌아오지 않는 자)로 의역을 하였다. 중국에서는 불환(不還)으로 정착이 되었다. 아나함은 처음의 다섯 가지 낮은 단계의 족쇄[五下分結]를 모두 다 끊어 버렸기 때문에 다시는 이 욕계 세상으로 돌아오지 않는다고 한다.

21 '다툼이 없는 삼매'는 '무쟁삼매(無諍三昧)'를 직역한 것이다. 범본에는 '다툼 없이 머무는 자(araṇā-vihāri)'로 나타나고 현장은 무쟁주(無諍住)로 직역하였다. 초기경전(M.139)에서도 수보리 존자는 다툼 없는 도 닦음을 증득한 제자라고 부처님께서 칭송하고 계신다.

세존이시여! 제가 '나는 아라한의 경지를 얻었다.'고 생각한다면 세존께서는 '수보리는 적정행[22]을 즐기는 사람이다. 수보리는 실로 적정행을 한 것이 없으므로 수보리는 적정행을 즐긴다고 말한다.'라고 설하지 않으셨을 것입니다."[23]

22 여기서 '적정행(寂靜行)'으로 옮긴 한문은 '아란나행(阿蘭那行)'인데 범본에는 위에서 무쟁삼매로 옮긴 'araṇā-vihāri'가 여기서도 그대로 쓰이고 있다. 이처럼 구마라집 스님은 같은 단어를 한번은 무쟁삼매(無諍三昧)로 옮기고 한번은 아란나행(阿蘭那行)으로 옮기고 있다. 저본인 구마라집 스님의 한역을 존중하여 〈조계종 표준본〉에서는 '다툼 없는 삼매'와 '적정행'으로 구분해서 옮겼다.

23 한역만으로는 '설하지 않으셨을 것이다(不說).'가 어디까지 걸리는지 불분명하다. 종래의 번역에서는, "수보리가 적정행을 즐기는 자라고 말씀하시지 않았을 것입니다만"으로 대부분 옮기고 있다. 그러나 범본에 의하면 이 문장 역시 '즉비(則非)의 논리'가 적용되어 있음을 알 수 있다. 〈조계종 표준본〉은 범본을 참조해 '不說[설하지 않으셨을 것이다]'의 목적어를 이 문장 전체인 것으로 보고 옮겼다. 『금강경』은 '즉비(則非)의 논리'라는 특유의 논리를 갖고 있다. 그 형식은 크게 둘이다. 첫째는 "X는 X가 아니다."라는 형식이며, 둘째는 "X는 X가 아니므로 X라 말한다."라는 형식이다. 'X' 대신에 '중생'을 넣어서 생각해 보면, 첫째는 "중생은 중생이 아니다."가 되고, 둘째는 "중생은 중생이 아니므로 중생이라 말한다."가 된다. 그럼 도대체 『금강경』은 이러한 논리를 통해서 무엇을 말하고자 하는 것일까? "X는 X가 아니다."는 것을 또 다른 식(式)으로 나타내면 'X = 非X'가 될 것이다. 다시 'X' 대신에 '중생'을 넣어서 생각해 보면, '중생 = 非중생'이 된다. '非중생'을 '부처'라고 본다면, "중생은 중생이 아니다"라는 문장은 곧 '중생 = 부처'를 의미하게 된다. 서양논리의 입장에서는 중생은 중생이며, 부처는 부처일 뿐이다. 따라서 『금강경』의 논리는 서양논리와는 다른 것임을 알 수 있다. "중생이 중생이 아니다." 즉 "중생 = 非중생(=부처)"라는 이야기에서, 우리는 중생과 非중생(=부처)이라는 개념이 서로 반대되는, 즉 모순되는 개념임을 알 수 있다. 즉 중생이면 부처가 아니고, 부처라면 중생이 아니다. 이러한 논리가 서양논리이다. 중생과 부처가 개념상 서로 정반대 되는데, 어떻게 그 양자가 하나가 될 수 있다는 말인가? 그런데 『금강경』에서는 바로 그 점을 주장하고 있다. 이 논리를 이해하려면, 우리는 형식적인 차원, 즉 중생은 중생이며 부처

十. 莊嚴淨土分
장엄정토분

佛告須菩提 於意云何 如來 昔在然燈佛所 於法有所
불고수보리 어의운하 여래 석재연등불소 어법유소

得不 不也世尊 如來在然燈佛所 於法實無所得 須菩
득부 불야세존 여래재연등불소 어법실무소득 수보

는 부처라고 하는 차원을 넘어서지 않으면 안 된다. 논리의 형식보다는 내용적으로 들어가 보아야 한다. 즉 중생이 부처라고 하는 두 대립되는 개념에서 과연 중생과 부처에게 각기 중생이라 부르게 하는 어떤 고유의 성질(이를 자성/自性이라 한다)과 부처라 부르게 하는 어떤 고유의 성질이 있는지를 물어보아야 한다. 『금강경』 이전에 설해진 『아함경』에서부터 붓다는 모든 존재는 다 인연에 의해서 이루어진 존재이므로 그것만이 갖고 있는 어떤 고유의 성질이 있지 않다고 하였다. 그 점을 생각해 본다면, 중생은 중생이라는 어떤 고유의 성질이 없고 부처 역시 부처라는 어떤 고유의 성질이 없다는 것을 알 수 있다. 중생이라 부르는 것이나 부처라 부르는 것이나 다 어떤 고유한 성질을 가리키는 것이 아니라 편의상, 혹은 임시로 지어 부르는 이름에 지나지 않게 된다. 그래서 "그러므로 중생이라 말한다."라고 한 것이다. 결국 'X'의 자리에는 어떤 명사라도 다 대입해 볼 수 있다. 서양논리에서 생각하듯이, 중생은 중생대로 어떤 고유의 성질이 있고, 부처는 부처대로 어떤 고유의 성질이 있다고 한다면 결코 "중생은 중생이 아니다."라고 할 수 없을 것이며, "부처는 부처가 아니다."라고 할 수 없을 것이다. 그러나 『금강경』의 입장은 그렇게 보지 않기에, 즉 어떤 고유의 성질이 있다고 보지 않기에 "중생은 중생이 아니다."라고 말하는 것이며, 더 나아가 그것이 그저 임시적인 이름에 지나지 않는 것임을 "그러므로 중생이라 말한다."라고 나타내고 있다. 요컨대 이러한 『금강경』 특유의 논리는 "인연으로 지어진 것은 공(空)이며 가명(假名)일 뿐이다. 그래서 중도(中道)라고 말한다."는 반야·중관(中觀)사상의 논리적 표현이라고 말할 수 있다.

提 於意云何 菩薩 莊嚴佛土不 不也世尊[2] 何以故 莊嚴
리 어의운하 보살 장엄불토부 불야세존 하이고 장엄

佛土者 則非莊嚴 是名莊嚴 是故 須菩提 諸菩薩摩訶
불토자 즉비장엄 시명장엄 시고 수보리 제보살마하

薩 應如是生淸淨心 不應住色生心 不應住聲香味觸法
살 응여시생청정심 불응주색생심 불응주성향미촉법

生心 應無所住 而生其心 須菩提 譬如有人 身如須彌
생심 응무소주 이생기심 수보리 비여유인 신여수미

山王 於意云何 是身爲大不 須菩提言 甚大世尊 何以
산왕 어의운하 시신위대부 수보리언 심대세존 하이

故 佛說非身 是名大身
고 불설비신 시명대신

10. 불국토의 장엄

부처님께서 수보리에게 말씀하셨습니다.

“그대 생각은 어떠한가? 여래가 옛적에 연등부처님 처소에서 법을 얻은 것이 있는가?”

“없습니다, 세존이시여! 여래께서 연등부처님 처소에서 실제로 법을 얻은 것이 없습니다.”

“수보리여! 그대 생각은 어떠한가? 보살이 불국토를 아름답게 꾸미는가?”

“아닙니다, 세존이시여! 왜냐하면 불국토를 아름답게 꾸민다는 것은 아름답게 꾸미는 것이 아니므로 아름답게 꾸민다고 말하기 때문입니다.”

“그러므로 수보리여! 모든 보살마하살은 이와 같이 깨끗한 마음을 내어야 한다. 형색에 집착하지 않고 마음을 내어야 하고 소리, 냄새, 맛, 감촉, 마음의 대상에도 집착하지 않고 마음을 내어야 한다. 마땅히 집착 없이 그 마음을 내어야 한다. 수보리여! 어떤 사람의 몸이 산들의 왕 수미산만큼 크다면 그대 생각은 어떠한가? 그 몸이 크다고 하겠는가?”

수보리가 대답하였습니다.

“매우 큽니다, 세존이시여! 왜냐하면 부처님께서는 몸 아님을 설하셨으므로 큰 몸이라 말씀하셨기 때문입니다.”

十一. 無爲福勝分
무위복승분

須菩提 如恒河中 所有沙數 如是沙等恒河 於意云何
수보리 여항하중 소유사수 여시사등항하 어의운하

是諸恒河沙 寧爲多不 須菩提言 甚多世尊 但諸恒河
시제항하사 영위다부 수보리언 심다세존 단제항하

尙多無數 何況其沙 須菩提 我今實言告汝 若有善男
상다무수 하황기사 수보리 아금실언고여 약유선남

子善女人 以七寶 滿爾所恒河沙數 三千大千世界 以用
자선여인 이칠보 만이소항하사수 삼천대천세계 이용

布施 得福多不 須菩提言 甚多世尊 佛告須菩提 若善
보시 득복다부 수보리언 심다세존 불고수보리 약선

男子善女人 於此經中 乃至受持四句偈等 爲他人說
남자선여인 어차경중 내지수지사구게등 위타인설

而此福德 勝前福德
이차복덕 승전복덕

11. 무위법의 뛰어난 복덕

"수보리여! 항하의 모래 수만큼 항하가 있다면 그대 생각은 어떠한가? 이 모든 항하의 모래 수는 진정 많다고 하겠는가?"

수보리가 대답하였습니다.

"매우 많습니다, 세존이시여! 항하들만 해도 헤아릴 수 없이 많은데 하물며 그것의 모래이겠습니까?"

"수보리여! 내가 지금 진실한 말로 그대에게 말한다. 선남자 선여인이 그 항하 모래 수만큼의 삼천대천세계에 칠보를 가득 채워 보시한다면 그 복덕이 많겠는가?"

수보리가 대답하였습니다.

"매우 많습니다, 세존이시여!"

부처님께서 수보리에게 말씀하셨습니다.

"선남자 선여인이 이 경의 사구게만이라도 받고 지니고 다른 사람을 위해 설해 준다면 이 복이 저 복보다 더 뛰어나다."

十二. 尊重正敎分
존중정교분

復次須菩提 隨說是經 乃至 四句偈等 當知此處 一切
부차수보리 수설시경 내지 사구게등 당지차처 일체

世間天人阿修羅 皆應供養 如佛塔廟 何況有人盡能受
세간천인아수라 개응공양 여불탑묘 하황유인진능수

持讀誦 須菩提 當知是人 成就最上第一希有之法 若是
지독송 수보리 당지시인 성취최상제일희유지법 약시

經典所在之處 則爲有佛 若尊重弟子
경전소재지처 즉위유불 약존중제자

12. 올바른 가르침의 존중

"또한 수보리여! 이 경의 사구게만이라도 설해지는 곳곳마다 어디든지 모든 세상의 천신·인간·아수라가 마땅히 공양할 부처님의 탑묘임을 알아야 한다. 하물며 이 경 전체를 받고 지니고 읽고 외우는 사람이랴!

수보리여! 이 사람은 가장 높고 가장 경이로운 법을 성취할 것임을 알아야 한다. 이와 같이 경전이 있는 곳은 부처님과 존경받는 제자들이 계시는 곳이다."

十三. 如法受持分
여법수지분

爾時 須菩提白佛言 世尊 當何名此經 我等云何奉持
이시 수보리백불언 세존 당하명차경 아등운하봉지

佛告須菩提 是經 名爲金剛般若波羅蜜 以是名字 汝當
불고수보리 시경 명위금강반야바라밀 이시명자 여당

奉持 所以者何 須菩提 佛說般若波羅蜜 則非般若波
봉지 소이자하 수보리 불설반야바라밀 즉비반야바

羅蜜 是名般若波羅蜜[3] 須菩提 於意云何 如來有所說
라밀 시명반야바라밀 수보리 어의운하 여래유소설

法不 須菩提白佛言 世尊 如來無所說 須菩提 於意云
법부 수보리백불언 세존 여래무소설 수보리 어의운

何 三千大千世界 所有微塵 是爲多不 須菩提言 甚多
하 삼천대천세계 소유미진 시위다부 수보리언 심다

世尊 須菩提 諸微塵 如來說非微塵 是名微塵 如來說
세존 수보리 제미진 여래설비미진 시명미진 여래설

世界 非世界 是名世界 須菩提 於意云何 可以三十二
세계 비세계 시명세계 수보리 어의운하 가이삼십이

相 見如來不 不也世尊 不可以三十二相 得見如來 何
상 견여래부 불야세존 불가이삼십이상 득견여래 하

以故 如來說 三十二相 卽是非相 是名三十二相 須菩
이고 여래설 삼십이상 즉시비상 시명삼십이상 수보

提 若有善男子善女人 以恒河沙等身命布施 若復有人
리 약유선남자선여인 이항하사등신명보시 약부유인

於此經中 乃至受持四句偈等 爲他人說 其福甚多
어차경중 내지수지사구게등 위타인설 기복심다

13. 이 경을 수지하는 방법

그때 수보리가 부처님께 여쭈었습니다.

"세존이시여! 이 경을 무엇이라 불러야 하며 저희들이 어떻게 받들어 지녀야 합니까?"

부처님께서 수보리에게 말씀하셨습니다.

"이 경의 이름은 '금강반야바라밀'이니, 이 제목으로 너희들은 받들어 지녀야 한다. 그것은 수보리여! 여래는 반야바라밀을 반야바라밀이 아니라 설하였으므로 반야바라밀이라 말한 까닭이다. 수보리여! 그대 생각은 어떠한가? 여래가 설한 법이 있는가?"

수보리가 부처님께 말씀드렸습니다.

"세존이시여! 여래께서는 설하신 법이 없습니다."

"수보리여! 그대 생각은 어떠한가? 삼천대천세계를 이루고 있는 티끌이 많다고 하겠는가?"

수보리가 대답하였습니다.

"매우 많습니다, 세존이시여!"

"수보리여! 여래는 티끌들을 티끌이 아니라고 설하였으므로 티끌이라고 말한다. 여래는 세계를 세계가 아니라고 설하였으므로 세계라고 말한다. 수보리여! 그대 생각은 어떠한가? 서른두 가지 신체적 특징을 가지고 여래라고 볼 수 있는가?"

"없습니다, 세존이시여! 서른두 가지 신체적 특징을 가진다고 여래라고 볼 수는 없습니다. 왜냐하면 여래께서는 서른두 가지 신체적 특징은 신체적 특징이 아니라고 설하셨으므로 서른두 가지 신체적 특징이라고 말씀하셨기 때문입니다."

"수보리여! 어떤 선남자 선여인이 항하의 모래 수만큼 목숨을 보시한다고 하자. 또 어떤 사람이 이 경의 사구게만이라도 받고 지니고 다른 사람을 위해 설해 준다고 하자. 그러면 이 복이 저 복보다 더욱 많으리라."

十四. 離相寂滅分
이상적멸분

爾時 須菩提 聞說是經 深解義趣 涕淚悲泣 而白佛言
이시 수보리 문설시경 심해의취 체루비읍 이백불언

希有世尊 佛說如是 甚深經典 我從昔來所得慧眼 未曾
희유세존 불설여시 심심경전 아종석래소득혜안 미증

得聞如是之經 世尊 若復有人 得聞是經 信心淸淨 則
득문여시지경 세존 약부유인 득문시경 신심청정 즉

生實相 當知是人 成就第一希有功德 世尊 是實相者
생실상 당지시인 성취제일희유공덕 세존 시실상자

則是非相 是故 如來說名實相 世尊 我今得聞如是經
즉시비상 시고 여래설명실상 세존 아금득문여시경

典 信解受持 不足爲難 若當來世 後五百歲 其有衆生
전 신해수지 부족위난 약당래세 후오백세 기유중생

得聞是經 信解受持 是人則爲第一希有 何以故 此人
득문시경 신해수지 시인즉위제일희유 하이고 차인

無我相人相衆生相壽者相 所以者何 我相則是非相
무아상인상중생상수자상 소이자하 아상즉시비상

人相衆生相壽者相卽是非相 何以故 離一切諸相 則
인상중생상수자상즉시비상 하이고 이일체제상 즉

名諸佛 佛告須菩提 如是如是 若復有人得聞是經 不
명제불 불고수보리 여시여시 약부유인득문시경 불

驚不怖不畏 當知是人 甚爲希有 何以故 須菩提 如來
경불포불외 당지시인 심위희유 하이고 수보리 여래

說第一波羅蜜 非第一波羅蜜 是名第一波羅蜜 須菩提
설제일바라밀 비제일바라밀 시명제일바라밀 수보리

忍辱波羅蜜 如來說非忍辱波羅蜜 何以故 須菩提
인욕바라밀 여래설비인욕바라밀 하이고 수보리

如我昔爲歌利王 割截身體 我於爾時 無我相 無人
여아석위가리왕 할절신체 아어이시 무아상 무인

相 無衆生相 無壽者相 何以故 我於往昔節節支解時
상 무중생상 무수자상 하이고 아어왕석절절지해시

若有我相人相衆生相壽者相 應生瞋恨 須菩提 又念
약유아상인상중생상수자상 응생진한 수보리 우념

過去 於五百世 作忍辱仙人 於爾所世 無我相 無人相
과거 어오백세 작인욕선인 어이소세 무아상 무인상

無衆生相無壽者相是故 須菩提 菩薩應離一切相 發
무중생상무수자상시고 수보리 보살응리일체상 발

阿耨多羅三藐三菩提心 不應住色生心 不應住聲香
아누다라삼먁삼보리심 불응주색생심 불응주성향

味觸法生心 應生無所住心 若心有住 則爲非住 是故
미촉법생심 응생무소주심 약심유주 즉위비주 시고

佛說菩薩 心不應 住色布施 須菩提 菩薩 爲利益一切
불설보살 심불응 주색보시 수보리 보살 위이익일체

衆生 應如是布施 如來說一切諸相 卽是非相 又說一
중생 응여시보시 여래설일체제상 즉시비상 우설일

切衆生 則非衆生 須菩提 如來是眞語者 實語者 如語
체중생 즉비중생 수보리 여래시진어자 실어자 여어

者 不誑語者 不異 語者 須菩提 如來所得法 此法無實
자 불광어자 불이어자 수보리 여래소득법 차법무실

無虛 須菩提 若菩薩 心住於法 而行布施 如人入闇 則
무허 수보리 약보살 심주어법 이행보시 여인입암 즉

無所見 若菩薩 心不住法 而行布施 如人有目 日光明
무소견 약보살 심부주법 이행보시 여인유목 일광명

照 見種種色 須菩提 當來之世 若有善男子善女人 能
조 견종종색 수보리 당래지세 약유선남자선여인 능

於此經 受持讀誦 則爲如來 以佛智慧 悉知是人 悉見
어차경 수지독송 즉위여래 이불지혜 실지시인 실견

是人 皆得成就 無量無邊功德
시인 개득성취 무량무변공덕

14. 관념을 떠난 열반

그때 수보리가 이 경 설하심을 듣고 뜻을 깊이 이해하여 감격의 눈물을 흘리며 부처님께 말씀드렸습니다.

"경이롭습니다, 세존이시여! 제가 지금까지 얻은 혜안으로는 부처님께서 이같이 깊이 있는 경전 설하심을 들은 적이 없습니다. 세존이시여! 만일 어떤 사람이 이 경을 듣고 믿음이 청정해지면 바로 궁극적 지혜[24]가 일어날 것이니, 이 사람은 가장 경이로운 공덕을 성취할 것임을 알아야 합니다.

세존이시여! 이 궁극적 지혜라는 것은 궁극적 지혜가 아닌 까닭에 여래께서는 궁극적 지혜라고 말씀하셨습니다. 세존이시여! 제가 지금 이 같은 경전을 듣고서 믿고 이해하고 받고 지니기는 어렵지 않습니다. 그러나 미래 오백 년 뒤에도 어떤 중생이 이 경전을 듣고 믿고 이해하고 받고 지닌다면 이 사람은 가장 경이로울 것입니다.

왜냐하면 이 사람은 자아가 있다는 관념, 개아가 있다는 관념, 중생이 있다는 관념, 영혼이 있다는 관념이 없기 때문입니다. 그것은 자아가 있다는 관념은 관념이 아니며, 개아가 있다는 관념, 중생이 있다는 관념, 영혼이 있다는 관념은 관념이 아닌 까닭입니다. 왜냐하면 모든 관념을 떠난 이를 부처님이라 말하기 때문입니다."

---

24 '궁극적 지혜'는 한역 '실상(實相)'을 옮긴 것으로 모든 존재의 참된 본성을 의미한다. 범어 원문은 'bhūta-saṃjñām[참되다는 인식]'이지만 '궁극적 지혜'로 옮긴 것은 문맥을 고려한 번역이다.

부처님께서 수보리에게 말씀하셨습니다.

"그렇다, 그렇다. 만일 어떤 사람이 이 경을 듣고 놀라지도 않고 무서워하지도 않고 두려워하지도 않는다면 이 사람은 매우 경이로운 줄 알아야 한다. 왜냐하면 수보리여! 여래는 최고의 바라밀[25]을 최고의 바라밀이 아니라고 설하였으므로 최고의 바라밀이라고 말하기 때문이다.

수보리여! 인욕바라밀을 여래는 인욕바라밀이 아니라고 설하였다. 왜냐하면 수보리여! 내가 옛적에 가리왕에게 온몸을 마디마디 잘렸을 때, 나는 자아가 있다는 관념, 개아가 있다는 관념, 중생이 있다는 관념, 영혼이 있다는 관념이 없었기 때문이다.

왜냐하면 내가 옛날 마디마디 사지가 잘렸을 때, 자아가 있다는 관념, 개아가 있다는 관념, 중생이 있다는 관념, 영혼이 있다는 관념이 있었다면 성내고 원망하는 마음이 생겼을 것이기 때문이다.

수보리여! 여래는 과거 오백 생 동안 인욕수행자였는데 그때 자아가 있다는 관념이 없었고, 개아가 있다는 관념이 없었고, 중생이 있다는 관념이 없었고, 영혼이 있다는 관념이 없었다.

그러므로 수보리여! 보살은 모든 관념을 떠나 가장 높고 바른 깨달음의 마음을 내어야 한다. 형색에 집착 없이 마음을 내어야 하며 소리, 냄

25 '최고의 바라밀'은 제일바라밀(第一波羅蜜)을 옮긴 것이다. 범본에는 '최고의 바라밀[parama-pāramitā]'로 나타나고 있다. 현장 스님과 의정 스님은 최승바라밀(最勝波羅蜜)로, 보리유지 스님과 진제 스님은 제일바라밀(第一波羅蜜)로, 달마급다 스님은 최승피안도(最勝彼岸到)로 옮겼다. 무엇 때문에 이 경의 법문을 듣고 놀라지 않으면 매우 경이롭다고 하는가? 이 법문은 모든 바라밀 가운데 최고, 최승의 바라밀이기 때문이다.

새, 맛, 감촉, 마음의 대상에도 집착 없이 마음을 내어야 한다. 마땅히 집착 없이 마음을 내어야 한다. 마음에 집착이 있다면 그것은 올바른 삶이 아니다. 그러므로 보살은 형색에 집착 없는 마음으로 보시해야 한다고 여래는 설하였다.

수보리여! 보살은 모든 중생을 이롭게 하기 위해 이와 같이 보시해야 한다. 여래는 모든 중생이란 관념은 중생이란 관념이 아니라고 설하고, 또 모든 중생도 중생이 아니라고 설한다.[26] 수보리여! 여래는 바른 말을 하는 이고, 참된 말을 하는 이며, 이치에 맞는 말을 하는 이고, 속임 없이 말하는 이며, 사실대로 말하는 이다. 수보리여! 여래가 얻은 법에는 진실도 없고 거짓도 없다.

수보리여! 보살이 대상에 집착하는 마음으로 보시하는 것은 마치 사람이 어둠 속에 들어가면 아무것도 볼 수 없는 것과 같고 보살이 대상에 집착하지 않는 마음으로 보시하는 것은 마치 눈 있는 사람에게 햇빛이 밝게 비치면 갖가지 모양을 볼 수 있는 것과 같다.

수보리여! 미래에 선남자 선여인이 이 경전을 받고 지니고 읽고 외운다면 여래는 부처의 지혜로 이 사람들이 모두 한량없는 공덕을 성취하게 될 것임을 다 알고 다 본다."

---

26 한역 '일체제상(一切諸相)'을 '모든 중생이 있다는 관념'으로 옮긴 것은 바로 앞의 문장에서 '위이익일체중생(爲利益一切衆生)'이라고 하였고, 범본에도 '중생이라는 산냐(sattva-saṃjñā)'로 나타나고 있으며, 이역본에서도 '중생상(衆生想)', 혹은 '유정상(有情想)'으로 옮겼기 때문이다.

十五. 持經功德分
지경공덕분

須菩提 若有善男子善女人 初日分 以恒河沙等身布施
수보리 약유선남자선여인 초일분 이항하사등신보시

中日分 復以恒河沙等 身布施 後日分 亦以恒河沙等身
중일분 부이항하사등 신보시 후일분 역이항하사등신

布施 如是無量百千萬億劫 以身布施 若復有人 聞此
보시 여시무량백천만억겁 이신보시 약부유인 문차

經典 信心不逆 其福勝彼 何況書寫受持讀誦 爲人解
경전 신심불역 기복승피 하황서사수지독송 위인해

說 須菩提 以要言之 是經 有不可思議不可稱量無邊
설 수보리 이요언지 시경 유불가사의불가칭량무변

功德 如來爲發大乘者說 爲發最上乘者說 若有人 能
공덕 여래위발대승자설 위발최상승자설 약유인 능

受持讀誦 廣爲人說 如來悉知是人 悉見是人 皆得成
수지독송 광위인설 여래실지시인 실견시인 개득성

就不可量 不可稱無有邊不可思議功德 如是人等 則爲
취불가량 불가칭무유변불가사의공덕 여시인등 즉위

荷擔如來阿耨多羅三藐三菩提 何以故 須菩提 若樂
하담여래아누다라삼먁삼보리 하이고 수보리 약요

小法者 着我見人見衆生見壽者見 則於此經 不能聽受
소법자 착아견인견중생견수자견 즉어차경 불능청수

讀誦 爲人解說 須菩提 在在處處 若有此經 一切世間
독송 위인해설 수보리 재재처처 약유차경 일체세간

天人阿修羅 所應供養 當知此處 則爲是塔 皆應恭敬
천인아수라 소응공양 당지차처 즉위시탑 개응공경

作禮圍繞 以諸華香 而散其處
작례위요 이제화향 이산기처

15. 경을 수지하는 공덕

"수보리여! 선남자 선여인이 아침나절에 항하의 모래 수만큼 몸을 보시하고 점심나절에 항하의 모래 수만큼 몸을 보시하며 저녁나절에 항하의 모래 수만큼 몸을 보시하여, 이와 같이 한량없는 시간 동안 몸을 보시한다고 하자.

또 어떤 사람이 이 경의 말씀을 듣고 비방하지 않고 믿는다고 하자. 그러면 이 복은 저 복보다 더 뛰어나다. 하물며 이 경전을 베껴 쓰고 받고 지니고 읽고 외우고 다른 이를 위해 설명해 줌이랴!

수보리여! 간단하게 말하면 이 경에는 생각할 수도 없고 헤아릴 수도 없는 한없는 공덕이 있다. 여래는 대승에 나아가는 이를 위해 설하며 최상승에 나아가는 이를 위해 설한다.

어떤 사람이 이 경을 받고 지니고 읽고 외워 널리 다른 사람을 위해 설해 준다면 여래는 이 사람들이 헤아릴 수 없고 말할 수 없으며 한없고 생각할 수 없는 공덕을 성취할 것임을 다 알고 다 본다. 이와 같은 사람들은 여래의 가장 높고 바른 깨달음을 감당하게 될 것이다.[27]

왜냐하면 수보리여! 소승법을 좋아하는 자가 자아가 있다는 견해, 개아가 있다는 견해, 중생이 있다는 견해, 영혼이 있다는 견해에 집착한다면 이 경을 듣고 받고 읽고 외우며 다른 사람을 위해 설명해 주지 못하기 때문이다.

수보리여! 이 경전이 있는 곳은 어디든지 모든 세상의 천신·인간·아수라들에게 공양을 받을 것이다. 이곳은 바로 탑이 되리니 모두가 공경하고 예배하고 돌면서 그곳에 여러 가지 꽃과 향을 뿌릴 것임을 알아야 한다."

27 구마라집 스님이 번역한 '하담(荷擔)'에 해당하는 범어는 'samāṃśena[육신과 더불어]'이다. 여기에는 이 몸을 가지고 깨달음을 실현하고 성불한다는 즉신성불(則身成佛)의 사상이 들어 있다. 구마라집 스님이 하담(荷擔, 짊어짐)으로 옮긴 것은 깨달음을 호지한다는 은유적 표현이라 여겨진다. 이런 점을 고려하여 〈조계종 표준본〉에서는 '감당하게'로 옮겼다.

十六. 能淨業障分
능정업장분

復次 須菩提 善男子善女人 受持讀誦此經 若爲人輕
부차 수보리 선남자선여인 수지독송차경 약위인경

賤 是人 先世罪業 應墮惡道 以今世人 輕賤故 先世罪
천 시인 선세죄업 응타악도 이금세인 경천고 선세죄

業 則爲消滅 當得阿耨多羅三藐三菩提 須菩提 我念
업 즉위소멸 당득아누다라삼먁삼보리 수보리 아념

過去無量 阿僧祇劫 於然燈佛前 得値八百四千萬億那
과거무량 아승지겁 어연등불전 득치팔백사천만억나

由他諸佛 悉皆供養承事 無空過者 若復有人 於後末
유타제불 실개공양승사 무공과자 약부유인 어후말

世 能受持讀誦此經 所得功德 於我所供養諸佛功德
세 능수지독송차경 소득공덕 어아소공양제불공덕

百分不及一千萬億分乃至算數譬喩 所不能及 須菩
백분불급일천만억분내지산수비유 소불능급 수보

提 若善男子善女人 於後末世 有受持讀誦此經 所得
리 약선남자선여인 어후말세 유수지독송차경 소득

功德 我若具說者 或有人聞 心則狂亂 狐疑不信 須菩
공덕 아약구설자 혹유인문 심즉광란 호의불신 수보

提 當知 是經義 不可思議 果報亦不可思議
리 당지 시경의 불가사의 과보역불가사의

16. 업장을 맑히는 공덕

"또한 수보리여! 이 경을 받고 지니고 읽고 외우는 선남자 선여인이 남에게 천대와 멸시를 당한다면 이 사람이 전생에 지은 죄업으로는 악도에 떨어져야 마땅하겠지만, 금생에 다른 사람의 천대와 멸시를 받았기 때문에 전생의 죄업이 소멸되고 반드시 가장 높고 바른 깨달음을 얻게 될 것이다.

수보리여! 나는 연등부처님을 만나기 전 과거 한량없는 아승기겁[28] 동안 팔백사천만억 나유타[29]의 여러 부처님을 만나 모두 공양하고 받들어

---

28 '한량없는 아승기겁'은 '무량아승기겁(無量阿僧祇劫)'을 옮긴 것이다. 범본에는 무량에 해당하는 단어는 없고 단지 아샹카(asaṃkhya)로만 나타난다. 그러므로 무량(無量)이 아승기(阿僧祇)이다. 아승기(阿僧祇)는 범어 아샹카(asaṃkhya)의 음사(音寫)로서 무수(無數), 또는 무앙수(無央數)라고 한역되었다. 인도의 60종 수목(數目) 가운데 제52번째 수이다. '祇'는 '기'로 읽었는데 세조 언해본에서도 '아승끼'로 표기되어 있다.

29 범어는 'catur(4)-aśīti(80)-buddha(佛)-koṭi(천만, 10^7)-niyuta(兆, 10^{12})-śata(10^2)-sahasrāṇy(10^3)'이므로 아라비아 숫자로는 '8.4×10^{25}'이다. 구마라집 스님이 번역한 숫자를 아라비아수로 환산하면 '八百四千(8.04×10^5)萬(10^4)億(10^8)那由他(10^{12})$=8.04\times10^{29}$'이 되어 범어를 환산한 수와 일치하지 않는다. 숫자를 읽는 방법에 있어 구마라집 스님이 살았던 당시와 현재 사이에 차이가 있는 것으로 추정된다. 나유타(那由他)에는 '萬(10^4)'또는 '百萬(10^6)'의 뜻도 있다.

섬기며 그냥 지나친 적이 없었음을 기억한다.

만일 어떤 사람이 정법이 쇠퇴할 때 이 경을 잘 받고 지니고 읽고 외워서 얻은 공덕에 비하면, 내가 여러 부처님께 공양한 공덕은 백에 하나에도 미치지 못하고 천에 하나 만에 하나 억에 하나에도 미치지 못하며 더 나아가서 어떤 셈이나 비유로도 미치지 못한다.[30]

수보리여! 선남자 선여인이 정법이 쇠퇴할 때 이 경을 받고 지니고 읽고 외워서 얻는 공덕을 내가 자세히 말한다면, 아마도 이 말을 듣는 이는 마음이 어지러워서 의심하고 믿지 않을 것이다. 수보리여! 이 경은 뜻이 불가사의하며 그 과보도 불가사의함을 알아야 한다."

30 이 부분을 범본에서 직역하면, "백 분의 일에도 미치지 못하고 천 분의 일에도 미치지 못하고 십만 분의 일에도 억 분의 일에도 백억 분의 일에도 십조 분의 일에도 백천억조 분의 일에도 산수로도 비유로도 나아가서는 그 어떤 상사(相似)로도 미치지 못한다."라고 되어 있다. 따라서 구마라집 스님이 축약하여 의역했음을 알 수 있다.

十七. 究竟無我分
구경무아분

爾時 須菩提白佛言 世尊 善男子善女人 發阿耨多羅
이시 수보리백불언 세존 선남자선여인 발아누다라

三藐三菩提心 云何應住 云何降伏其心 佛告須菩提
삼먁삼보리심 운하응주 운하항복기심 불고수보리

善男子善女人 發阿耨多羅三藐三菩提心者 當生如是
선남자선여인 발아누다라삼먁삼보리심자 당생여시

心 我應滅度 一切衆生 滅度一切衆生已 而無有一衆生
심 아응멸도 일체중생 멸도일체중생이 이무유일중생

實滅度者 何以故 須菩提 若菩薩 有我相人相衆生相
실멸도자 하이고 수보리 약보살 유아상인상중생상

壽者相 則非菩薩 所以者何 須菩提 實無有法 發阿耨
수자상 즉비보살 소이자하 수보리 실무유법 발아누

多羅三藐三菩提者 須菩提 於意云何 如來於然燈佛所
다라삼먁삼보리자 수보리 어의운하 여래어연등불소

有法得阿耨多羅三藐三菩提不 不也世尊 如我解佛所
유법득아누다라삼먁삼보리부 불야세존 여아해불소

說義 佛於然燈佛所 無有法得阿耨多羅三藐三菩提
설의 불어연등불소 무유법득아누다라삼먁삼보리

佛言 如是如是 須菩提 實無有法如來得阿耨多羅三
불언 여시여시 수보리 실무유법여래득아누다라삼

藐三菩提 須菩提 若有法如來得阿耨多羅三藐三菩提
먁삼보리 수보리 약유법여래득아누다라삼먁삼보리

者 然燈佛 則不與我授記 汝於來世 當得作佛 號釋迦
자 연등불 즉불여아수기 여어내세 당득작불 호석가

牟尼 以實無有法得阿耨多羅三藐三菩提 是故 然燈
모니 이실무유법득아누다라삼먁삼보리 시고 연등

佛 與我受記 作是言 汝於來世 當得作佛 號釋迦牟尼
불 여아수기 작시언 여어래세 당득작불 호석가모니

何以故 如來者 則諸法如義 若有人言 如來得阿耨多
하이고 여래자 즉제법여의 약유인언 여래득아누다

羅三藐三菩提 須菩提 實無有法 佛得阿耨多羅三藐三
라삼먁삼보리 수보리 실무유법 불득아누다라삼먁삼

菩提 須菩提 如來所得阿耨多羅三藐三菩提 於是中
보리 수보리 여래소득아누다라삼먁삼보리 어시중

無實無虛 是故 如來說 一切法 皆是佛法 須菩提 所言
무실무허 시고 여래설 일체법 개시불법 수보리 소언

一切法者 卽非一切法 是故 名一切法 須菩提 譬如人
일체법자 즉비일체법 시고 명일체법 수보리 비여인

身長大 須菩提言 世尊 如來說 人身長大 則爲非大身
신장대 수보리언 세존 여래설 인신장대 즉위비대신

是名大身 須菩提 菩薩 亦如是 若作是言 我當滅度無
시명대신 수보리 보살 역여시 약작시언 아당멸도무

量衆生 則不名菩薩 何以故 須菩提 實無有法名爲菩
량중생 즉불명보살 하이고 수보리 실무유법명위보

薩 是故 佛說 一切法 無我無人無衆生無壽者 須菩提
살 시고 불설 일체법 무아무인무중생무수자 수보리

若菩薩 作是言 我當 莊嚴佛土 是不名菩薩 何以故 如
약보살 작시언 아당 장엄불토 시불명보살 하이고 여

來說 莊嚴佛土者 卽非莊嚴 是名莊嚴 須菩提 若菩薩
래설 장엄불토자 즉비장엄 시명장엄 수보리 약보살

通達無我法者 如來說名眞是菩薩
통달무아법자 여래설명진시보살

17. 궁극의 가르침, 무아

그때 수보리가 부처님께 여쭈었습니다.

"세존이시여! 가장 높고 바른 깨달음을 얻고자 하는 선남자 선여인은 어떻게 살아야 하며 어떻게 그 마음을 다스려야 합니까?"

부처님께서 수보리에게 말씀하셨습니다.

"가장 높고 바른 깨달음을 얻고자 하는 선남자 선여인은 이러한 마음을 일으켜야 한다. '나는 일체 중생을 열반에 들게 하리라, 일체 중생을 열반에 들게 하였지만 실제로는 아무도 열반을 얻은 중생이 없다.'

왜냐하면 수보리여! 보살에게는 자아가 있다는 관념, 개아가 있다는 관념, 중생이 있다는 관념, 영혼이 있다는 관념이 있다면 보살이 아니기 때문이다. 그것은 수보리여! 가장 높고 바른 깨달음에 나아가는 자라 할 법이 실제로 없는 까닭이다.

수보리여! 그대 생각은 어떠한가? 여래가 연등부처님 처소에서 얻은 가장 높고 바른 깨달음이라 할 법이 있었는가?"

"아닙니다, 세존이시여! 제가 부처님께서 말씀하신 뜻을 이해하기로는 부처님께서 연등부처님 처소에서 얻으신 가장 높고 바른 깨달음이라 할 법이 없습니다."

부처님께서 말씀하셨습니다.

"그렇다, 그렇다. 수보리여! 여래가 가장 높고 바른 깨달음을 얻은 법이 실제로 없다. 수보리여! 여래가 가장 높고 바른 깨달음을 얻은 법이 있었다면 연등부처님께서 내게 '그대는 내세에 석가모니라는 이름의 부처가 될 것이다.'라고 수기하지 않았을 것이다.

가장 높고 바른 깨달음을 얻은 법이 실제로는 없었으므로 연등부처님께서 내게 '그대는 내세에는 반드시 석가모니라는 이름의 부처가 될 것이다.'라고 수기하셨던 것이다. 왜냐하면 여래는 모든 존재의 진실한 모습을 의미하기 때문이다.[31]

어떤 사람이 여래가 가장 높고 바른 깨달음을 얻었다고 말한다면, 수보리여! 여래가 가장 높고 바른 깨달음을 얻은 법이 실제로 없다. 수보리여! 여래가 얻은 가장 높고 바른 깨달음에는 진실도 없고 거짓도 없다. 그러므로 여래는 '일체법이 모두 불법이다.'라고 설한다. 수보리여! 일체법이라 말한 것은 일체법이 아닌 까닭에 일체법이라 말한다. 수보리여! 예컨대 사람의 몸이 매우 큰 것과 같다."

수보리가 말하였습니다.

"세존이시여! 여래께서 사람의 몸이 매우 크다는 것은 큰 몸이 아니라고 설하셨으므로 큰 몸이라 말씀하셨습니다."

"수보리여! 보살도 역시 그러하다. '나는 반드시 한량없는 중생을 제도하리라.' 말한다면 보살이라 할 수 없다. 왜냐하면 수보리여! 보살이라 할 만한 법이 실제로 없기 때문이다. 그러므로 여래는 모든 법에 자아도

31 『금강경』에서 여래(如來)의 정의를 직접 언급한 것으로는 이 부분과 제29 위의적정분(威儀寂靜分)에서 '如來者 無所從來 亦無所去 故名如來'라 한 두 곳이다. 이역본들에서는 '如'를 모두 진여(眞如)로 옮기고 있다. 현장 스님과 달마급다 스님은 진여(眞如), 법성(法性), 도단(道斷), 불생(不生)으로 자세히 정의하고 있고, 진제 스님은 "여래는 진여의 다른 이름이다."라고 하였다.

없고, 개아도 없고, 중생도 없고, 영혼도 없다고 설한 것이다.

수보리여! 보살이 '나는 반드시 불국토를 장엄하리라.' 말한다면 이는 보살이라 할 수 없다. 왜냐하면 여래는 불국토를 장엄한다는 것은 장엄하는 것이 아니라고 설하였으므로 장엄한다고 말하기 때문이다. 수보리여! 보살이 무아의 법에 통달한다면 여래는 이런 이를 진정한 보살이라 부른다."

十八. 一體同觀分
일 체 동 관 분

須菩提 於意云何 如來有肉眼不 如是世尊 如來有肉
수보리 어의운하 여래유육안부 여시세존 여래유육

眼 須菩提 於意云何 如來有天眼不 如是世尊 如來有
안 수보리 어의운하 여래유천안부 여시세존 여래유

天眼 須菩提 於意云何 如來有慧眼不 如是世尊 如來
천안 수보리 어의운하 여래유혜안부 여시세존 여래

有慧眼 須菩提 於意云何 如來有法眼不 如是世尊 如
유혜안 수보리 어의운하 여래유법안부 여시세존 여

來有法眼 須菩提 於意云何 如來有佛眼不 如是世尊
래유법안 수보리 어의운하 여래유불안부 여시세존

如來有佛眼 須菩提 於意云何 如恒河中所有沙[4] 佛說
여래유불안 수보리 어의운하 여항하중소유사 불설

是沙不 如是世尊 如來說是沙 須菩提 於意云何 如一
시사부 여시세존 여래설시사 수보리 어의운하 여일

恒河中所有沙 有如是等恒河 是諸恒河所有沙數佛世
항하중소유사 유여시등항하 시제항하소유사수불세

界 如是寧爲多不 甚多世尊 佛告須菩提 爾所國土中
계 여시영위다부 심다세존 불고수보리 이소국토중

所有衆生 若干種心 如來悉知 何以故 如來說諸心 皆
소유중생 약간종심 여래실지 하이고 여래설제심 개

爲非心 是名爲心 所以者何 須菩提 過去心不可得 現
위비심 시명위심 소이자하 수보리 과거심불가득 현

在心不可得 未來心不可得
재심불가득 미래심불가득

18. 분별없이 관찰함

"수보리여! 그대 생각은 어떠한가? 여래에게 육안[32]이 있는가?"

"그렇습니다, 세존이시여! 여래에게는 육안이 있습니다."

"수보리여! 그대 생각은 어떠한가? 여래에게 천안[33]이 있는가?"

"그렇습니다, 세존이시여! 여래에게는 천안이 있습니다."

"수보리여! 그대 생각은 어떠한가? 여래에게 혜안[34]이 있는가?"

"그렇습니다, 세존이시여! 여래에게는 혜안이 있습니다."

"수보리여! 그대 생각은 어떠한가? 여래에게 법안[35]이 있는가?"

"그렇습니다, 세존이시여! 여래에게는 법안이 있습니다."

---

32 '육안(肉眼)'은 범어 'māṃsa-cakṣu'를 직역한 것이다. 육체적인 눈을 말하며 네 가지 근본물질(四大: 地·水·火·風)에 의해 만들어진 것이다.

33 '천안(天眼)'은 범어 'dibha-cakṣu'를 직역한 것이다. 초인적인 눈, 보통 보이지 않는 것이라도 보는 능력, 모든 것을 꿰뚫어 보는 능력, 신성한 눈, 신통을 얻은 눈, 모든 세계의 일들을 간파하는 작용, 신통력에 의해 모든 것을 간파하는 지혜의 기능, 초자연적인 시력 등을 뜻한다. 육신통의 두 번째로 초기경에서부터 나타나고 있다. 뼈와 살과 피가 혼합되지 않는 지극히 깨끗한 四大에서 만들어진 눈이라고 해석하는 경우도 있다.

34 '혜안(慧眼)'은 범어 'prajñā-cakṣu'를 직역한 것이다. 지혜의 눈으로 사물을 바르게 관찰하는 눈이라는 뜻이다. 철학적인 통찰력, 진리를 보는 눈, 여러 사물이 공(空)이라는 것을 통찰하는 지혜의 눈을 말한다.

35 '법안(法眼)'은 범어 'dharma-cakṣu'를 직역한 것이다. 법에 대한 밝은 눈으로 제법을 비추어 보는 눈이며 진실을 보는 지혜의 눈이다. 보살은 이것으로 모든 존재의 참모습을 꿰뚫게 되고 중생을 제도한다고 한다.

"수보리여! 그대 생각은 어떠한가? 여래에게 불안[36]이 있는가?"

"그렇습니다, 세존이시여! 여래에게는 불안이 있습니다."

"수보리여! 그대 생각은 어떠한가? 여래는 항하의 모래에 대해서 설하였는가?"

"그렇습니다, 세존이시여. 여래는 이 모래에 대해 설하셨습니다."

"수보리여! 그대 생각은 어떠한가? 한 항하의 모래와 같이 이런 모래만큼의 항하가 있고 이 여러 항하의 모래 수만큼 부처님 세계가 그만큼 있다면 진정 많다고 하겠는가?"

"매우 많습니다, 세존이시여!"

부처님께서 수보리에게 말씀하셨습니다.

"그 국토에 있는 중생의 여러 가지 마음을 여래는 다 안다. 왜냐하면 여래는 여러 가지 마음이 모두 다 마음이 아니라 설하셨으므로 마음이라 말하기 때문이다. 그것은 수보리여! 과거의 마음도 얻을 수 없고 현재의 마음도 얻을 수 없고 미래의 마음도 얻을 수 없는 까닭이다."

---

36 '불안(佛眼)'은 범어 'buddha-cakṣu'를 직역한 것이다. 부처님의 눈으로 깨달음을 연 자만이 가지는 식견을 말하며 모든 것을 멀리 바라보고 모든 것을 아는 눈을 뜻한다.

十九. 法界通化分
법계통화분

須菩提 於意云何 若有人 滿三千大千世界七寶 以用
수보리 어의운하 약유인 만삼천대천세계칠보 이용

布施 是人 以是因緣 得福多不 如是世尊 此人 以是因
보시 시인 이시인연 득복다부 여시세존 차인 이시인

緣 得福甚多 須菩提 若福德有實 如來不說 得福德多
연 득복심다 수보리 약복덕유실 여래불설 득복덕다

以福德無故 如來說得福德多
이복덕무고 여래설득복덕다

19. 복덕 아닌 복덕

"수보리여! 그대 생각은 어떠한가? 어떤 사람이 삼천대천세계에 칠보를 가득 채워 보시한다면 이 사람이 이러한 인연으로 많은 복덕을 얻겠는가?"

"그렇습니다, 세존이시여! 그 사람이 이러한 인연으로 매우 많은 복덕을 얻을 것입니다."

"수보리여! 복덕이 실로 있는 것이라면 여래는 많은 복덕을 얻는다고 말하지 않았을 것이다. 복덕이 없기 때문에 여래는 많은 복덕을 얻는다고 말한 것이다."

二十. 離色離相分
이 색 이 상 분

須菩提 於意云何 佛可以具足色身見不 不也世尊 如
수보리 어의운하 불가이구족색신견부 불야세존 여

來不應以具足色身見 何以故 如來說 具足色身 卽非具
래불응이구족색신견 하이고 여래설 구족색신 즉비구

足色身 是名具足色身 須菩提 於意云何 如來可以具
족색신 시명구족색신 수보리 어의운하 여래가이구

足諸相見不 不也世尊 如來不應以具足諸相見 何以故
족제상견부 불야세존 여래불응이구족제상견 하이고

如來說諸相具足 卽非具足 是名諸相具足
여래설제상구족 즉비구족 시명제상구족

20. 모습과 특성의 초월

"수보리여! 그대 생각은 어떠한가? 신체적 특징을 원만하게 갖추었다고 여래라고 볼 수 있겠는가?"

"아닙니다, 세존이시여! 신체적 특징을 원만하게 갖추었다고 여래라고 볼 수는 없습니다. 왜냐하면 여래께서는 원만한 신체를 갖춘다는 것은[37] 원만한 신체를 갖춘 것이 아니라고 설하였으므로 원만한 신체를 갖춘 것이라고 말씀하셨기 때문입니다."

"수보리여! 그대 생각은 어떠한가? 신체적 특징[38]을 갖추었다고 여래라고 볼 수 있겠는가?"

"아닙니다, 세존이시여! 신체적 특징을 갖추었다고 여래라고 볼 수는 없습니다. 왜냐하면 여래께서는 신체적 특징을 갖춘다는 것이 신체적 특징을 갖춘 것이 아니라고 설하셨으므로 신체적 특징을 갖춘 것이라고 말씀하셨기 때문입니다."

---

37 '원만한 신체를 갖춤'은 '구족색신(具足色身, 구족한 색신, 원만한 색신)'을 옮긴 것이다. 『금강경 간정기』에 의하면 이것은 부처님의 여든 가지 아름다운 모습(八十種好)를 뜻한다고 한다.(刊. 424~426)

38 '신체적 특징을 갖춤'은 '구족제상(具足諸相, 구족한 상, 원만한 부처님의 모습)'을 옮긴 것인데 『금강경 간정기』에 의하면 이것은 부처님의 서른두 가지 신체적 특징(三十二相)을 뜻한다고 한다.

二十一. 非說所說分
비설소설분

須菩提 汝勿謂如來作是念 我當有所說法 莫作是念
수보리 여물위여래작시념 아당유소설법 막작시념

何以故 若人言 如來有所說法 卽爲謗佛 不能解我所
하이고 약인언 여래유소설법 즉위방불 불능해아소

說故 須菩提 說法者 無法可說 是名說法 爾時 慧命須
설고 수보리 설법자 무법가설 시명설법 이시 혜명수

菩提 白佛言 世尊 頗有衆生 於未來世 聞說是法 生信
보리 백불언 세존 파유중생 어미래세 문설시법 생신

心不 佛言 須菩提 彼非衆生 非不衆生 何以故 須菩提
심부 불언 수보리 피비중생 비불중생 하이고 수보리

衆生衆生者 如來說 非衆生 是名衆生
중생중생자 여래설 비중생 시명중생

21. 설법 아닌 설법

"수보리여! 그대는 여래가 '나는 설한 법이 있다.'는 생각을 한다고 말하지 말라. 이런 생각을 하지 말라. 왜냐하면 '여래께서 설한 법이 있다.'고 말한다면, 이 사람은 여래를 비방하는 것이니, 내가 설한 것을 이해하지 못했기 때문이다. 수보리여! 설법이라는 것은 설할 만한 법이 없는 것이므로 설법이라고 말한다."

그때 수보리 장로가 부처님께 여쭈었습니다.

"세존이시여! 미래에 이 법 설하심을 듣고 신심을 낼 중생이 조금이라도 있겠습니까?"

부처님께서 말씀하셨습니다.

"수보리여! 저들은 중생이 아니요 중생이 아닌 것도 아니다. 왜냐하면 수보리여! 중생 중생이라 하는 것은 여래가 중생이 아니라고 설하였으므로 중생이라 말하기 때문이다."[39]

---

39 한역 '爾時 慧命須菩提'부터 '如來說 非衆生 是名衆生'까지의 62자는 원래의 구마라집 역본에는 없었으며, 나중에 어떤 이가 보리유지본의 경문을 그대로 가져다 넣었다고 한다. 호주 종리사 석비(濠州 鍾離寺 石碑)에 보면 장경(長慶) 2년(822)에 유명(幽冥) 선사가 첨가하였다고 나타나고, 『수춘주(壽春註)』에는 송나라 선화연간(宣和年間, 1119~1125)에 어느 스님이 넣은 것이라 하고 있다. 육조 혜능 스님(638~713)의 『금강경구결(金剛經口訣)』을 새긴 비석 속에는 62자가 들어 있지 않고, 『방산석경(房山石經)』과 『돈황필사본(敦煌筆寫本)』에도 나타나지 않는다. 진본(秦本)에 의해 경을 주석한 규봉 스님(780~841)의 『금강경찬요(金剛經纂要)』에도 이 경문이 보이지 않고 그에 대한 주석도 빠져 있다. 다만 송 장수자선(965~1038)의 『금강경간정기(金剛經刊定記)』에는 빠진 경문을 삽입하고 간단한 주석을 붙이고 있다. 그러나 금강경에 대한 가장 오래된 주석이라는 『자씨팔십항게(慈

二十二. 無法可得分
무법가득분

須菩提白佛言 世尊 佛得阿耨多羅三藐三菩提 爲無
수보리백불언 세존 불득아누다라삼먁삼보리 위무

所得耶 佛言 如是如是5] 須菩提 我於阿耨多羅三藐三
소득야 불언 여시여시 수보리 아어아누다라삼먁삼

菩提 乃至無有少法可得 是名阿耨多羅三藐三菩提
보리 내지무유소법가득 시명아누다라삼먁삼보리

22. 얻을 것이 없는 법

수보리가 부처님께 여쭈었습니다.

"세존이시여! 부처님께서 가장 높고 바른 깨달음을 얻은 것은 법이 없

氏八十行偈)』와 구마라집 스님과 거의 동시대 인물인 무착과 천친(無着·天親) 스님의 두 논(論)에 이 대목이 있으며, 현장역본 등 다른 역본에도 모두 다 나타나고 범본에도 나타나고 있다. 그리고 '혜명(慧命)'을 혜수(慧壽)라고 한 곳도 있다. 본경 전체를 통해서 신역(新譯) 즉 현장역본에서는 구수(具壽)라 옮겼고 달마급다역에는 명자(命者)라 하였다. 범어본에는 'āyuṣman'으로 나타나는데 '(긴) 수명을 가진 자'라 직역할 수 있다. 그래서 중국에서는 구수(具壽)나 장로(長老)나 혜명(慧命)이나 혜수(慧壽) 등으로 옮긴 것이다. 구마라집역본에서는 '장로'라고 옮겼다. 대덕(大德)이라고 옮긴 곳도 있다.

는 것입니까?"

부처님께서 말씀하셨습니다.

"그렇다, 그렇다. 수보리여! 내가 가장 높고 바른 깨달음에서 조그마한 법조차도 얻을 만한 것이 없었으므로 가장 높고 바른 깨달음이라 말한다."

二十三. 淨心行善分
정 심 행 선 분

復次 須菩提 是法平等 無有高下 是名阿耨多羅三藐
부차 수보리 시법평등 무유고하 시명아누다라삼먁

三菩提 以無我無人無衆生無壽者 修一切善法 則得阿
삼보리 이무아무인무중생무수자 수일체선법 즉득아

耨多羅三藐三菩提 須菩提 所言善法者 如來說 卽非
누다라삼먁삼보리 수보리 소언선법자 여래설 즉비

善法[6] 是名善法
선법 시명선법

23. 관념을 떠난 선행

"또한 수보리여! 이 법은 평등하여 높고 낮은 것이 없으니, 이것을 가장 높고 바른 깨달음이라 말한다. 자아도 없고, 개아도 없고, 중생도 없고, 영혼도 없이 온갖 선법을 닦음으로써 가장 높고 바른 깨달음을 얻게 된다. 수보리여! 선법이라는 것은 선법이 아니라고 여래는 설하였으므로 선법이라 말한다."

二十四. 福智無比分
복 지 무 비 분

須菩提 若三千大千世界中 所有諸須彌山王 如是等七
수보리 약삼천대천세계중 소유제수미산왕 여시등칠

寶聚 有人 持用布施 若人 以此般若波羅蜜經 乃至四
보취 유인 지용보시 약인 이차반야바라밀경 내지사

句偈等 受持讀誦 爲他人說 於前福德 百分不及一 百
구게등 수지독송 위타인설 어전복덕 백분불급일 백

千萬億分 乃至 算數譬喩 所不能及
천만억분 내지 산수비유 소불능급

24. 경전 수지가 최고의 복덕

"수보리여! 삼천대천세계에 있는 산들의 왕 수미산만큼의 칠보 무더기를 가지고 보시하는 사람이 있다고 하자. 또 이 반야바라밀경의 사구게만이라도 받고 지니고 읽고 외워 다른 사람을 위해 설해 주는 사람이 있다고 하자. 그러면 앞의 복덕은 뒤의 복덕에 비해 백에 하나에도 미치지 못하고, 천에 하나, 만에 하나, 억에 하나에도 미치지 못하며 더 나아가서 어떤 셈이나 비유로도 미치지 못한다."

二十五. 化無所化分
화 무 소 화 분

須菩提 於意云何 汝等勿謂 如來作是念 我當度衆生
수보리 어의운하 여등물위 여래작시념 아당도중생

須菩提 莫作是念 何以故 實無有衆生如來度者 若有
수보리 막작시념 하이고 실무유중생여래도자 약유

衆生如來度者 如來則有我人衆生壽者 須菩提 如來
중생여래도자 여래즉유아인중생수자 수보리 여래

說有我者 則非有我 而凡夫之人 以爲有我 須菩提 凡
설유아자 즉비유아 이범부지인 이위유아 수보리 범

夫者 如來說則非凡夫
부자 여래설즉비범부

25. 분별없는 교화

"수보리여! 그대 생각은 어떠한가? 그대들은 여래가 '나는 중생을 제도하리라.'는 생각을 한다고 말하지 말라. 수보리여! 이런 생각을 하지 말라. 왜냐하면 여래가 제도한 중생이 실제로 없기 때문이다. 만일 여래가 제도한 중생이 있다면, 여래에게도 자아·개아·중생·영혼이 있다는 집착이 있는 것이다.

수보리여! 자아가 있다는 집착은 자아가 있다는 집착이 아니라고 여래는 설하였다. 그렇지만 범부들이 자아가 있다고 집착한다. 수보리여! 범부라는 것도 여래는 범부가 아니라고 설하였다."

二十六. 法身非相分
법신비상분

須菩提 於意云何 可以三十二相 觀如來不 須菩提言
수보리 어의운하 가이삼십이상 관여래부 수보리언

如是如是 以三十二相 觀如來 佛言 須菩提 若以三十
여시여시 이삼십이상 관여래 불언 수보리 약이삼십

二相 觀如來者 轉輪聖王 則是如來 須菩提白佛言 世
이상 관여래자 전륜성왕 즉시여래 수보리백불언 세

尊 如我解佛所說義 不應以三十二相 觀如來 爾時世
존 여아해불소설의 불응이삼십이상 관여래 이시세

尊 而說偈言
존 이설게언

若以色見我 以音聲求我 是人行邪道 不能見如來
약이색견아 이음성구아 시인행사도 불능견여래

26. 신체적 특징을 떠난 여래

"수보리여! 그대 생각은 어떠한가? 서른두 가지 신체적 특징으로 여래라고 볼 수 있는가?"

수보리가 대답하였습니다.

"그렇습니다, 그렇습니다. 서른두 가지 신체적 특징으로도 여래라고 볼 수 있습니다."

부처님께서 말씀하셨습니다.

"수보리여! 서른두 가지 신체적 특징으로도 여래라고 볼 수 있다면 전륜성왕도 여래겠구나!"

수보리가 부처님께 말씀드렸습니다.

"세존이시여! 제가 부처님께서 말씀하신 뜻을 이해하기로는, 서른두 가지 신체적 특징을 가지고는 여래를 볼 수 없습니다."

그때 세존께서 게송으로 말씀하셨습니다.

"형색으로 나를 보거나 음성으로 나를 찾으면
삿된 길을 걸을 뿐 여래를 볼 수 없으리."[40]

40 범본과 이역본들에는 게송이 두 개인데 반해 구마라집역본에서는 한 개만 존재한다. 구마라집 스님이 옮기지 않은 뒷 게송을 범본에서 옮겨 보면 다음과 같다.
"법으로 부처님들을 보아야 한다.[dharmato buddhā draṣṭavyā] /
참으로 스승들은 법의 몸이기 때문이다.[dharmakāyā hi nāyakāḥ] /
법성은 알려지는 것이 아니다.[dharmatā ca na vijñeyā] /
그것은 알 수 없는 것이다.[na sā śakyā vijānituṃ] //"
현장 스님은 다음과 같이 옮겼다.
"마땅히 부처님을 법성으로 보라[應觀佛法性] /
부처님은 법신의 몸이다.[則導師法身] /
법성은 앎의 대상이 아니니[法性非所識] /
그것은 능히 알 수 없는 것이다.[故彼不能了] //"

二十七. 無斷無滅分
무단무멸분

須菩提 汝若作是念 如來不以具足相故 得阿耨多羅三
수보리 여약작시념 여래불이구족상고 득아누다라삼

藐三菩提 須菩提 莫作是念 如來不以具足相故 得阿
먁삼보리 수보리 막작시념 여래불이구족상고 득아

耨多羅三藐三菩提 須菩提 汝若作是念 發阿耨多羅
누다라삼먁삼보리 수보리 여약작시념 발아누다라

三藐三菩提者 說諸法斷滅相 莫作是念 何以故 發阿
삼먁삼보리자 설제법단멸상 막작시념 하이고 발아

耨多羅三藐三菩提心者 於法 不說斷滅相
누다라삼먁삼보리심자 어법 불설단멸상

27. 단절과 소멸의 초월

"수보리여! 그대가 '여래는 신체적 특징을 원만하게 갖추지 않았기 때문에 가장 높고 바른 깨달음을 얻은 것이다.'라고 생각한다면, 수보리여! '여래는 신체적 특징을 원만하게 갖추지 않았기 때문에 가장 높고 바른

깨달음을 얻은 것이다.'라고 생각하지 말라.[41]

수보리여! 그대가 '가장 높고 바른 깨달음의 마음을 낸 자는 모든 법이 단절되고 소멸되어 버림을 주장한다.'고 생각한다면, 이런 생각을 하지 말라. 왜냐하면 가장 높고 바른 깨달음의 마음을 낸 자는 법에 대하여 단절되고 소멸된다는 관념을 말하지 않기 때문이다."

二十八. 不受不貪分
불수불탐분

須菩提 若菩薩 以滿恒河沙等世界七寶 持用布施[7] **若**
수보리 약보살 이만항하사등세계칠보 지용보시 약

復有人 知一切法無我 得成於忍 此菩薩 勝前菩薩所
부유인 지일체법무아 득성어인 차보살 승전보살소

---

41 범어 원본과 다섯 역본에는 "수보리여, (32가지 대인)상을 구족하였기 때문에 여래는 무상정등각을 철저하게 깨달았는가?"라고 나타나며 '不'자가 없는 것은 상견(常見)을 파한 것이다. 그러나 구마라집 스님은 "32상을 구족하지 않았기 때문에 여래는 깨달음을 얻었는가?"라고 옮겨서 모든 법이 단멸(斷滅)한다는 생각을 파하였다. 앞에서는 32상을 구족했기 때문에 여래가 깨달음을 얻은 것은 아니라고 하였으며, 여기서는 32상을 구족하지 않았기 때문에 깨달음을 얻은 것도 아니라고 본 것이다. 『서장』의 「손지현장」에서 손지현도 대혜 스님께 『금강경』의 이 구절에서 '不'이 없어야 한다고 주장하였다. 그것은 훼상(毁相)의 생각을 막은 뜻을 알지 못한 까닭이다.

得功德 須菩提 以諸菩薩 不受福德故 須菩提白佛言
득공덕 수보리 이제보살 불수복덕고 수보리백불언

世尊 云何菩薩 不受福德 須菩提 菩薩 所作福德 不應
세존 운하보살 불수복덕 수보리 보살 소작복덕 불응

貪着 是故 說不受福德
탐착 시고 설불수복덕

28. 탐착 없는 복덕

"수보리여! 보살이 항하의 모래 수만큼 세계에 칠보를 가득 채워 보시한다고 하자. 또 어떤 사람이 모든 법이 무아임을 알아 인욕을 성취한다고 하자. 그러면 이 보살의 공덕은 앞의 보살이 얻은 공덕보다 더 뛰어나다. 수보리여! 모든 보살들은 복덕을 누리지 않기 때문이다."

수보리가 부처님께 여쭈었습니다.

"세존이시여! 어찌하여 보살이 복덕을 누리지 않습니까?"

"수보리여! 보살은 지은 복덕에 탐욕을 내거나 집착하지 않아야 하기 때문에 복덕을 누리지 않는다고 설한 것이다."

二十九. 威儀寂靜分
위 의 적 정 분

須菩提 若有人言 如來若來若去若坐若臥 是人 不解
수보리 약유인언 여래약래약거약좌약와 시인 불해

我所說義 何以故 如來者 無所從來 亦無所去 故名
아소설의 하이고 여래자 무소종래 역무소거 고명

如來
여래

29. 오고 감이 없는 여래

"수보리여! 어떤 사람이 '여래는 오기도 하고 가기도 하며 앉기도 하고 눕기도 한다.'고 말한다면, 그 사람은 내가 설한 뜻을 이해하지 못한 것이다. 왜냐하면 여래란 오는 것도 없고 가는 것도 없으므로 여래라고 말하기 때문이다."

三十. 一合理相分
일합이상분

須菩提 若善男子善女人 以三千大千世界 碎爲微塵
수보리 약선남자선여인 이삼천대천세계 쇄위미진

於意云何 是微塵衆 寧爲多不 甚多世尊 何以故 若是
어의운하 시미진중 영위다부 심다세존 하이고 약시

微塵衆 實有者 佛則不說是微塵衆 所以者何 佛說微
미진중 실유자 불즉불설시미진중 소이자하 불설미

塵衆 則非微塵衆 是名微塵衆 世尊 如來所說三千大
진중 즉비미진중 시명미진중 세존 여래소설삼천대

千世界 則非世界 是名世界 何以故 若世界 實有者
천세계 즉비세계 시명세계 하이고 약세계 실유자

則是一合相 如來說一合相 則非一合相 是名一合相
즉시일합상 여래설일합상 즉비일합상 시명일합상

須菩提 一合相者 則是不可說 但凡夫之人 貪着其事
수보리 일합상자 즉시불가설 단범부지인 탐착기사

30. 부분과 전체의 참모습

"수보리여! 선남자 선여인이 삼천대천세계를 부수어 가는 티끌을 만든다면, 그대 생각은 어떠한가? 이 티끌들이 진정 많겠는가?"

"매우 많습니다, 세존이시여! 왜냐하면 티끌들이 실제로 있는 것이라면 여래께서는 티끌들이라고 말씀하지 않으셨을 것이기 때문입니다. 그것은 여래께서 티끌들은 티끌들이 아니라고 설하셨으므로 티끌들이라고 말씀하신 까닭입니다.

세존이시여! 여래께서 말씀하신 삼천대천세계는 세계가 아니므로 세계라 말씀하십니다. 왜냐하면 세계가 실제로 있는 것이라면 한 덩어리로 뭉쳐진 것이겠지만, 여래께서 한 덩어리로 뭉쳐진 것은 한 덩어리로 뭉쳐진 것이 아니라고 설하셨으므로 한 덩어리로 뭉쳐진 것이라 말씀하셨기 때문입니다."

"수보리여! 한 덩어리로 뭉쳐진 것은 말할 수가 없는 것인데 범부들이 그것을 탐내고 집착할 따름이다."

三十一. 知見不生分
지견불생분

須菩提 若人言 佛說我見人見衆生見壽者見 須菩提
수보리 약인언 불설아견인견중생견수자견 수보리

於意云何 是人 解我所說義不 不也世尊[8] 是人 不解如
어의운하 시인 해아소설의부 불야세존 시인 불해여

來所說義 何以故 世尊說我見人見衆生見壽者見 卽非
래소설의 하이고 세존설아견인견중생견수자견 즉비

我見人見衆生見壽者見 是名我見人見衆生見壽者見
아견인견중생견수자견 시명아견인견중생견수자견

須菩提 發阿耨多羅三藐三菩提心者 於一切法 應如
수보리 발아누다라삼먁삼보리심자 어일체법 응여

是知 如是見 如是信解 不生法相 須菩提 所言法相者
시지 여시견 여시신해 불생법상 수보리 소언법상자

如來說 卽非法相 是名法相
여래설 즉비법상 시명법상

31. 내지 않아야 할 관념

"수보리여! 어떤 사람이 여래가 '자아가 있다는 견해, 개아가 있다는 견해, 중생이 있다는 견해, 영혼이 있다는 견해를 설했다.'고 말한다면, 수보리여! 그대 생각은 어떠한가? 이 사람이 내가 설한 뜻을 알았다 하겠는가?"

"아닙니다, 세존이시여! 그 사람은 여래께서 설한 뜻을 알지 못한 것입니다. 왜냐하면 세존께서는 자아가 있다는 견해, 개아가 있다는 견해, 중생이 있다는 견해, 영혼이 있다는 견해가 자아가 있다는 견해, 개아가 있다는 견해, 중생이 있다는 견해, 영혼이 있다는 견해가 아니라고 설하셨으므로 자아가 있다는 견해, 개아가 있다는 견해, 중생이 있다는 견해, 영혼이 있다는 견해라고 말씀하셨기 때문입니다."

"수보리여! 가장 높고 바른 깨달음을 얻고자 하는 이는 일체법에 대하여 이와 같이 알고, 이와 같이 보며, 이와 같이 믿고 이해하여 법이라는 관념을 내지 않아야 한다. 수보리여! 법이라는 관념은 법이라는 관념이 아니라고 여래는 설하였으므로 법이라는 관념이라 말한다."

三十二. 應化非眞分
응화비진분

須菩提 若有人 以滿無量阿僧祇世界七寶 持用布施
수보리 약유인 이만무량아승기세계칠보 지용보시

若有善男子善女人 發菩薩心者 持於此經 乃至四句偈
약유선남자선여인 발보살심자 지어차경 내지사구게

等 受持讀誦 爲人演說 其福勝彼 云何爲人演說 不取
등 수지독송 위인연설 기복승피 운하위인연설 불취

於相 如如不動 何以故
어상 여여부동 하이고

一切有爲法 如夢幻泡影 如露亦如電 應作如是觀
일체유위법 여몽환포영 여로역여전 응작여시관

佛說是經已 長老須菩提 及諸比丘比丘尼 優婆塞優婆
불설시경이 장로수보리 급제비구비구니 우바새우바

夷 一切世間天人阿修羅 聞佛所說 皆大歡喜 信受
이 일체세간천인아수라 문불소설 개대환희 신수

奉行
봉행

32. 관념을 떠난 교화

"수보리여! 어떤 사람이 한량없는 아승기 세계에 칠보를 가득 채워 보시한다고 하자. 또 보살의 마음을 낸 어떤 선남자 선여인이 이 경을 지니되 사구게만이라도 받고 지니고 읽고 외워 다른 사람을 위해 연설해 준다고 하자. 그러면 이 복이 저 복보다 더 뛰어나다.

어떻게 남을 위해 설명해 줄 것인가? 설명해 준다는 관념에 집착하지 말고 흔들림 없이 설명해야 한다. 왜냐하면

일체 모든 유위법은　　꿈·허깨비·물거품·그림자

이슬·번개 같으니　　이렇게 관찰할지라.[42]"

부처님께서 이 경을 다 설하시고 나니, 수보리 장로와 비구·비구니·우바새·우바이와 모든 세상의 천신·인간·아수라들이 부처님의 말씀을 듣고 매우 기뻐하며 믿고 받들어 행하였습니다.

---

42 범본과 이역본들에는 아홉 가지 비유가 나타난다. 구마라집 스님의 번역에서 세 가지(별, 등불, 구름)는 의도적으로 생략된 것 같다. 구마라집 스님의 여섯 비유 중 하나인 그림자(影)는 범본과 이역본들에는 나타나지 않는다. 범본을 옮기면 다음과 같다.
"별, 눈의 가물거림, 등불[Tārakā timiraṃ dīpo] /
환영, 이슬, 물거품[māyā avaśyāya budbudaṃ] /
꿈, 번개, 구름이라고[supinaṃ vidyud abhraṃ ca] /
보여져야 하나니[evaṃ draṣṭavyaṃ] //"
아홉 가지 비유를 다 옮긴 현장 스님의 번역은 다음과 같다.
"화합으로 이루어진 모든 것들은[諸和合所爲] /
별, 눈의 가물거림, 등불, 허깨비[如星翳燈幻] /
이슬, 물거품, 번개, 구름이라고[露泡夢電雲] /
마땅히 이렇게 관찰할지라.[應作如是觀] //"

金剛般若波羅蜜經
금강반야바라밀경

眞言
진언

那謨婆伽跋帝 鉢喇壤 波羅弭多曳 唵 伊利低 伊室利
나모바가발제 발라양 파라미다예 옴 이리저 이실리

輸盧馱 毘舍耶 毘舍耶 莎婆訶[9]
수로타 비사야 비사야 사바하

[미주]

1] 고려대장경판본 『금강경』 원문 교감 부분: 제9 일상무상분(一相無相分)

【高】 無來 →【明】·【淸】·【金】 無不來, 【梵】 anāgāmi, 【流】 實無有法 名阿那含, 【眞】 實無所有能至不來, 【笈】 不彼有法若不來入彼, 【玄】 不作是念我能證得不還之果, 【義】 由彼無有少法 證不還性 →【什】 無不來

【高】 須菩提 於意云何 阿那含 能作是念 我得阿那含果不 須菩提言 不也世尊 何以故 阿那含名爲不來而實**無來** 是故名阿那含

【明】·【淸】 須菩提 於意云何 阿那含 能作是念 我得阿那含果不 須菩提言 不也世尊 何以故 阿那含名爲不來而實**無不來** 是故名阿那含

【金】 須菩提야 於意云何오 阿那含이 能作是念호대 我得阿那含果不아 須菩提가 言하사대 不也니이다 世尊하 何以故오 阿那含은 名爲不來로대 而實**無不來일새** 是故로 名阿那含이니이다

【범】 BHAGAVĀN āha: tat kiṃ manyase Subhūte, api nv anāgāmina evaṃ bhavati: mayā-anāgāmi-phalaṃ prāptam iti? SUBHŪTIR āha: no hīdaṃ Bhagavān, na anāgāmina evaṃ bhavati: mayā-anāgāmi-phalaṃ prāptam iti. tat kasya hetoḥ? na hi sa Bhagavān kaścid dharmo yo'nāgāmitvam āpannaḥ. tenocyate'nāgāmi-iti.

【流】 須菩提 於意云何 阿那含 能作是念 我得阿那含果不 須菩提言 不也世尊 何以故 **實無有法 名阿那含** 是名阿那含

【眞】 阿那含 名爲不來 **實無所有能至不來** 是名阿那含

【笈】 世尊言 彼何意念 善實 雖然不來如是念 我不來果得到 善實言 不如此世尊 彼何所因 **不彼有法若不來入彼** 故說名不來者

【玄】 佛告善現 於汝意云何 諸不還者 頗作是念 我能證得不還果不 善現答言 不也世尊 諸不還者 **不作是念 我能證得不還之果** 何以故 世尊 以無少法證不還性 故名不還

【義】 妙生 於汝意云何 諸不還者 頗作是念 我得不還果不 妙生言 不爾世尊 何以故 **由彼無有少法 證不還性** 故名不還

2] 고려대장경판본 『금강경』 원문 교감 부분: 제10 장엄정토분(莊嚴淨土分)

【高】 世尊 →【宋】·【明】·【淸】·【金】·【佛】 不也世尊, 【梵】 no hīdaṃ Bhagavan, 【玄】 不也世尊 →【什】 不也世尊

【高】佛告須菩提 於意云何 如來昔在然燈佛所 於法有所得不 **世尊** 如來在然燈佛所 於法實無所得

【宋】·【明】·【淸】·【佛】佛告須菩提 於意云何 如來昔在然燈佛所 於法有所得不 **不也世尊** 如來在然燈佛所 於法實無所得

【金】佛이 告須菩提하사대 於意云何오 如來가 昔在然燈佛所하야 於法에 有所得不아 **不也**니이다 **世尊**하 如來가 在然燈佛所하사 於法에 實無所得이니이다

【梵】BHAGAVĀN āha: tat kiṃ manyase Subhūte, asti sa kaścid dharmo yas Tathāgatena Dīpaṇkarasya Tathāgatasya-arhataḥ samyaksambuddhasya-antikād udgṛhītaḥ? SUBHŪTIR āha: **no hīdaṃ Bhagavān**, na-asti sa kaścid dharmo yas Tathāgatena Dipaṇkarasya Tathāgatasya-arhataḥ samyaksambuddhasya-antikād udgṛhītaḥ.

【玄】佛告須菩提 於意云何 如來昔在然燈佛所 於法有所得不 **不也世尊** 如來在然燈佛所 於法實無所得

【什】佛告須菩提 於意云何 如來昔在然燈佛所 於法有所得不 **不也世尊** 如來在然燈佛所 於法實無所得

3] 고려대장경판본『금강경』원문 교감 부분: 제13 여법수지분(如法受持分)

【高】則非般若波羅蜜 → 【宋】·【佛】則非般若波羅蜜 是名般若波羅蜜,

【梵】Subhūte ... tenocyate prjn āpāramiteti, 【玄】爲非般若波羅蜜多 是故如來說名般若波羅蜜多 → 【什】則非般若波羅蜜 是名般若波羅蜜

【高】所以者何 須菩提 佛說般若波羅蜜 **則非般若波羅蜜**

【宋】·【佛】所以者何 須菩提 佛說般若波羅蜜 **則非般若波羅蜜 是名般若波羅蜜**

【梵】tat kasya hetoḥ? **yaiva Subhūte prajñāpāramitā Tathāgatena bhāṣitā saiva-a-pāramitā Tathāgatena bhāṣitā, tenocyate prajñāpāramiteti.**

【玄】何以故 善現 如是般若波羅蜜多 如來說**爲非般若波羅蜜多 是故如來說名般若波羅蜜多**

【什】所以者何 須菩提 佛說般若波羅蜜 **則非般若波羅蜜 是名般若波羅蜜**

4] 고려대장경판본『금강경』원문 교감 부분: 제18 일체동관분(一體同觀分)

【高】恒河 →【明】·【淸】·【金】如恒河,【梵】yāvantyo Gaṅgāyāṃ →【什】如恒河

【高】須菩提 於意云何 **恒河**中所有沙 佛說是沙不 如是世尊 如來說是沙

【明】·【淸】須菩提 於意云何 **如恒河**中所有沙 佛說是沙不 如是世尊 如來說是沙

【金】須菩提야 於意云何오 **如恒河**中所有沙를 佛說是沙不아 如是니이다 世尊하 如來가 說是沙니이다

【梵】BHAGAVĀN āha: tat kiṃ manyase Subhūte, **yāvantyo Gaṅgāyāṃ** mahā-nadyāṃ vālukā, api nu tā valukās Tathāgatena bhāṣitāh? SUBHŪTIR āha: evam etad Bhagavān, evam etat Sugata, bhāṣitās Tathāgatena vālukāḥ.

【什】須菩提 於意云何 **如恒河**中所有沙 佛說是沙不 如是世尊 如來說是沙

5] 고려대장경판본『금강경』원문 교감 부분: 제22 무법가득분(無法可得分)

【高】如是如是 → 【明】·【淸】·【金】·【佛】佛言如是如是, 【梵】BHAGAVĀN āha evam etat Subhūte evam etat 【什】佛言如是如是

【高】須菩提 白佛言 世尊 佛得阿耨多羅三藐三菩提 爲無所得耶 **如是如是** 須菩提 我於阿耨多羅三藐三菩提 乃至無有少法可得 是名阿耨多羅三藐三菩提

【明】·【淸】·【佛】須菩提 白佛言 世尊 佛得阿耨多羅三藐三菩提 爲無所得耶 **佛言 如是如是** 須菩提 我於阿耨多羅三藐三菩提 乃至無有少法可得 是名阿耨多羅三藐三菩提

【金】須菩提가 白佛言하사대 世尊하 佛이 得阿耨多羅三藐三菩提는 爲無所得耶니이가 **佛言하사대 如是如是하다** 須菩提야 我於阿耨多羅三藐三菩提에 乃至無有少法可得일새 是名阿耨多羅三藐三菩提니라

【梵】tat kiṃ manyase Subhūte, api nv asti sa kaścid dharmo yas Tathāgatena-anuttarāṃ samyaksambodhim abhisambuddhaḥ? āyuṣmān SUBHŪTIR āha: no hīdam Bhagavān na-asti sa Bhagavān kaścid dharmo yas Tathāgatena-anuttarāiṃ samyaksambodhim abhisambuddhaḥ. **BHAGAVĀN** āha: **evam etat** Subhūte **evam etat**, aṇur api tatra dharmo na saṃvidyate nopalabhyate. tenocyate 'nuttarā samyaksambodhir iti.

【什】須菩提 白佛言 世尊 佛得阿耨多羅三藐三菩提 爲無所得耶 **佛言 如是如是** 須菩提 我於阿耨多羅三藐三菩提 乃至無有少法可得 是名阿耨多羅三藐三菩提

6] 고려대장경판본『금강경』원문 교감 부분: 제23 정심행선분(淨心行善分)

【高】非善法 →【明】·【淸】·【金】卽非善法 → 【什】卽非善法

【高】須菩提 所言善法者 如來說**非善法** 是名善法

【明】·【淸】須菩提 所言善法者 如來說**卽非善法** 是名善法

【金】須菩提야 所言善法者는 如來가 說**則非善法일새** 是名善法이니라

【什】須菩提 所言善法者 如來說**則非善法** 是名善法

7] 고려대장경판본『금강경』원문 교감 부분: 제28 불수불탐분(不受不貪分)

【高】布施 →【宋】·【明】·【淸】·【金】·【佛】持用布施, 【梵】dānaṃ dadyāt → 【什】持用布施

【高】須菩提 若菩薩 以滿恒河沙等世界七寶**布施** 若復有人 知一切法無我 得成於忍 此菩薩 勝前菩薩 所得功德

【宋】·【明】·【淸】·【佛】須菩提 若菩薩 以滿恒河沙等世界七寶**持用布施** 若復有人 知一切法無我 得成於忍 此菩薩 勝前菩薩 所得功德

【金】須菩提야 若菩薩이 以滿恒河沙等世界七寶로 **持用布施**어든 若復有人이 知一切法無我하야 得成於忍하면 此菩薩이 勝前菩薩의 所得功德이니

【梵】yaś ca khalu punaḥ Subhūte kulaputro vā kuladuhitā vā gaṅgānadi-vālukā-samāṃl lokadhātūn sapta-ratna-paripūrṇān kṛtvā Tathāgatebhyo 'rhadbhyaḥ samyaksambuddhebhyo **dānaṃ dadyāt**, yaś ca bodhisattvo nirātmakeṣv anutpatti-keṣu dharmeṣu kṣāntiṃ pratilabhate, ayam eva tato nidānaṃ bahutaraṃ puṇya-skandhṃ prasaved aprameyam asamkhyeyam.

【什】須菩提 若菩薩 以滿恒河沙等世界七寶**持用布施** 若復有人 知一切法無我 得成於忍 此菩薩 勝前菩薩 所得功德

8] 고려대장경판본『금강경』원문 교감 부분: 제31 지견불생분(知見不生分)

【高】世尊 →【宋】·【明】·【淸】·【金】·【佛】不也世尊, 【梵】no hīdaṃ Bhagavān → 【什】不也世尊

【高】須菩提 若人言 佛說我見人見衆生見壽者見 須菩提 於意云何 是人解我所說義不 **世尊** 是人不解如來所說義

【宋】·【明】·【淸】·【佛】須菩提 若人言 佛說我見人見衆生見壽者見 須菩提 於意云何 是人解我所說義不 **不也世尊** 是人不解如來所說義

【金】須菩提야 若人이 言佛說我見人見衆生見壽者見이라 하면 須菩提야 於意云何오 是人이 解我所說義不아 **不也니이다** 世尊하 是人이 不解如來所說義니

【梵】tat kasya hetoḥ? yo hi kaścit Subhūta evaṃ vaded: ātma-dṛṣṭis Tathāgatena bhāṣitā, sattva-dṛṣṭir jīva-dṛṣṭiḥ pudgala-dṛṣṭis Tathāgatena bhāṣitā, api nu sa

Subhūte samyagvadamāno vadet? SUBHŪTIR āha: **no hīdaṃ Bhagavān** no hīdaṃ Sugata, na samyag-vadamāno vadet.

【什】 須菩提 若人言 佛說我見人見衆生見壽者見 須菩提 於意云何 是人解我所說義不 **不也世尊** 是人不解如來所說義

9] 【唐】 眞言 鄔謨薄伽 跋帝 鉢羅若 鉢羅蜜多曳 唵 伊哩帝 伊失哩 貳嚧馱 毗舍耶 毗舍耶 娑婆訶,

【宋】·【明】·【淸】·【金】·【佛】 진언부분 누락.

조계종 표준『금강경』술어 색인

조계종 표준『금강경』번역에 있어 새롭게 시도된 용어들에 대해 한글(한문, 범어) 출전 순으로 정리했다. 중복되는 단어들은 처음 나오는 분단으로 표기하였으며, 이어서 설명이 필요한 부분은 해설을 첨가하였고 연관되는 각주가 있을 경우 각주 번호를 밝혀두었다.

[ㄱ]

가장 경이로운(第一希有, āścaryena): 제12분. 범어의 뜻은 '경이로움으로' 이나 '第一'은 구마라집 스님이 첨가한 것이다.

가장 높고 바른 깨달음(阿耨多羅三藐三菩提, bodhisattva-yāna samprasthitena): 제2분. 범어의 뜻은 '보살승에 굳게 나아가는'이다. → 각주 3번 참조

가장 높고(最上, paramena): 제12분

감당하게(荷擔, samāṃśena): 제15분. 범어의 뜻은 '육신과 더불어'이지만 구마라집 스님이 '감당하게(荷擔)'로 번역한 것은 깨달음을 호지한다는 은유적 표현으로 볼 수 있다. → 각주 27번 참조

감촉(觸, spraṣṭvya): 제4분

개아가 있다는 견해(人見, pudgala-dṛṣṭiḥ): 제31분

개아가 있다는 관념(人相, pudgala-saṃjña): 제3분. → 각주 6번 참조

거룩한(大, mahatā): 제1분

걸식(乞食, piṇḍāya): 제1분. 범어 본래의 뜻은 '삔다를 위해서'이다. 삔다는 덩어리로 뭉친 음식이나 과자류를 뜻하는 말이었던 것이 수행사들에게 공양하는 음식으로 통칭되었다.

경이롭습니다(希有, āścaryaṃ): 제2분

관념(相, saṃjñā): 제3분. → 각주 6번 참조

궁극적 지혜(實相, bhūta-saṃjñām): 제14분. 범어의 뜻은 '참되다는 생각'이다. 제6분의 '實信(진실한 믿음)'과 동일한 범어지만 구마라집 스님은 문맥에 맞춰 다르게 번역하고 있다. → 각주 24번 참조

그것은 ~ 까닭이다(所以者何, tat kasya hetoḥ): 제7분. '何以故'와 '所以者何'는 동일한 범어를 번역한 것이다. 구마라집 스님이 『금강경』에서 두 낱말을 구분해서 사용한 것은 문장의 반복을 피한 것 같다. 한글 번역에 있어 각각 '왜냐하면'과 '그것은 ~ 까닭이다'로 통일해서 옮겼다.

깨끗한 마음(清淨心, apratiṣṭhitaṃ cittam): 제10분. 범어의 뜻은 '머무르지 않는 마음'으로 구마라집 스님이 의역한 것을 알 수 있다.

[ㄴ]

남서북방(南西北方, dakṣiṇa-paścima-uttara): 제4분

[ㄷ]

다툼 없는 삼매(無諍三昧, araṇā-vihāru): 제9분. → 각주 21번 참조

단정적인 법(定法, kaścid dharmo): 제7분. 범어의 뜻은 '그 어떤 법'이지만 구마라집 스님은 여래가 깨달은 고정불변의 단정적인 법이라는 의미를 담

아 의역한 것으로 보인다. '정해진 법'과 같은 뜻이다.

대상(法, vastu): 제4분. 각주 7번 참조

대상에 대한 관념(相, nimitta-saṃjñā): 제4분. → 각주 8번 참조

대상에 집착하는 마음(心住於法, vastu-patito): 제14분

대승에 나아가는 이(發大乘者, agra-yāna-samprasthitānāṃ): 제15분. 범어의 뜻은 '최상승에 굳게 나아가는'이다.

되돌아오지 않는 자(阿那含, anāgāmi): 제9분. → 각주 20번 참조

[ㅁ]

마음의 대상(法, dharma): 제4분. → 각주 8번 참조

마하살(摩訶薩, mahāsattvā): 제2분. 보살의 별칭, '위대한 유정'의 뜻

많은 복덕을 얻겠는가?(得福多不, bahu puṇya-skandhaṃ prasunuyāt): 제19분. 범어의 뜻은 '많은 공덕의 무더기를 쌓겠는가?'이다.

모든 존재의 진실한 모습(諸法如義, bhūta-tathatāyā): 제17분. 범어의 뜻은 '참되고 그러함'이다. → 각주 31번 참조

미래 오백 년 뒤(後五百歲, paścime samaye paścimāyāṃ pañca-śatyāṃ): 제14분. 범어의 뜻은 '다음 시간의 다음 오백세에'이다.

믿고 이해하고 받고 지니기(信解受持, avakalpayāmy adhimucye): 제14분. 범어의 뜻은 '이해하고 확신을 가지는 것'이다.

[ㅂ]

바른 말을 하는 이(眞語者, bhūta-vādī): 제14분

받고 지니고 읽고 외우는(受持讀誦, dhārayiśyanti vācayiṣyanti): 제12분. 범어의 뜻은 '간직하고 독송하다.'이다.

백에 하나에도 미치지 못하고 천에 하나 만에 하나 억에 하나에도 미치지 못하며(百分不及一 千萬億分, śatatamīm api kalāṃ nopaiti, sahasratamīṃ api śatasahasratamīm api, koṭitamīm api koṭi-śatasatamīm api koṭi-śatasahasratamīn api koti-nīyuta-śatasahasratamim api, samkhyām api kalām api gaṇanām apy upamām apy upaniṣadam api yāvad aupam yam api na kṣamate.): 제16분. 범어의 뜻은 '백 분의 일의 부분에도 미치지 못하고 천분의 일에도 십만분의 일에도 억분의 일에도 백억분의 일에도 십조분의 일에도 백천억조분의 일에도 수량으로도 구분으로도 계산으로도 비유(比喩)로도 추론으로도 나아가서 상사(相似)로도 미치지 못한다.'이다.

법이 아니라는 관념(非法相, adharma saṃjñā): 제6분

법이라는 관념(法相, dharma saṃjñā): 제6분

변화하여 태어난 것(化生, upapādukā): 제3분

보살(菩薩, bodhisattvā): 제2분. 범어의 뜻은 '깨달음을 추구하는 존재'이다.

복덕을 누리지 않다(不受福德, na puṇya-skandhaḥ parigrahītavyaḥ): 제28분. 범어의 뜻은 '공덕의 무더기가 수용되어서는 안 된다.'이다.

복덕의 본질(福德性, puṇya-skandha): 제8분. 범어의 뜻은 '공덕의 쌓임'이다. '福德', '福德多'에 해당하는 범어와 동일. → 각주 16번 참조

불국토를 아름답게 꾸민다(莊嚴佛土, kṣetra-vyūhān niṣpādayiṣyāmi): 제10분. 범어의 뜻은 '(불)국토 건설을 이룩하리라.'이다.

불국토를 장엄한다(莊嚴佛土, kṣetra-vyūhān niṣpādayiṣyāmi): 제17분

[ㅅ]

사실대로 말하는 이(不異語者, na vitatha-vādī): 제14분. 범어의 뜻은 '거짓말을 하는 자가 아님'이다.

사이사이(四維, digvidikṣu): 제4분. '사이사이'는 간방을 말한다. 즉, 동남, 남서, 서북, 북동의 네 방위이다.

산들의 왕 수미산(須彌山王, Sumeruḥ parvata-rājā): 제10분. 범어의 뜻은 '수메루는 산들의 왕이다.'이다.

생각이 없는 것(無想, asaṃjñino): 제3분

생각이 있는 것(有想, saṃjñino): 제3분

생각이 있는 것도 아니고 없는 것도 아닌 것(非有想非無想, naiva saṃjñino na asaṃjñino): 제3분

생각할 수도 없고 헤아릴 수도 없는 한없는 공덕(不可思議不可稱量無邊功德, acintyo atulyo): 제15분. 범어의 뜻은 '불가사의하고 비교할 수 없는'으로 '無邊功德'은 구마라집 스님이 첨가한 말이다.

서른두 가지 신체적 특징(三十二相, dvātriṃśan-mahāpuruṣa-lakṣaṇaiḥ): 제13분. 범어의 뜻은 '32가지 대인상(大人相)들'이다.

성자의 흐름에 든 자(須陀含, srotāpanna): 제9분. → 각주 18번 참조

소승법을 좋아하는 자(樂小法者, hina-adhimuktikaiḥ) 제15분. 범어의 뜻은 '낮은 확신을 가진'이다.

속임 없이 말하는 이(不誑語者, ananyathāvādī): 제14분

습기에서 태어난 것(濕生, saṃsveda-jā): 제3분

신체적 특징(身相, lakṣaṇa-sampadā): 제5분. → 각주 11번, 12번 참조

신체적 특징을 갖추었다(具足諸相, lakṣaṇa-sampadā): 제20분. 범어의 뜻은 '특징을 갖추다.'이다. → 각주 38번 참조

신체적 특징을 원만하게 갖추었다(具足色身, rūpa-kāyā-pariniṣpatti): 제20분. 범어의 뜻은 '색신을 완전히 갖추고 있다.'이다.

[ㅇ]

아래위(上下, āsvadha-ūrdhvaṃ): 제4분

아침나절(初日分, pūrva-āḥṇa-kāla-samaye): 제15분. 범어의 뜻은 '오전 중에'이다.

알에서 태어난 것(卵生, aṇḍa-jā): 제3분

어떻게 그 마음을 다스려야 합니까?(云何降伏其心, kathaṃ cittaṃ pragrahītavyam): 제2분. 범어의 뜻은 '어떻게 그 마음을 조절할 것인가?'이다.

어떻게 살아야 하며(云何應住, kathaṃ sthātavyaṃ): 제17분. 범어의 뜻은 '어떻게 머물러야 하며'이다.

어떻게 살아야 하며(應云何住, kathaṃ sthātavyaṃ): 제2분. 범어의 뜻은 '어떻게 머물러야 하며'이다. → 각주 4번 참조

열반에 든 오백 년 뒤(滅後後五百歲, anāgate 'dhvani paścime kāle paścime samaye paścimāyāṃ pañca-śatyāṃ sad-dharma-vipralope vartaṃāne): 제6분. 범어의 뜻은 '미래세의 다음 시기 다음 시간의 다음 오백세에 정법이 쇠퇴할 시기가 되었을 때'이다. → 각주 13번 참조

영혼이 있다는 견해(壽者見, jīva-dṛṣṭiḥ): 제31분

영혼이 있다는 관념(壽者相, jīva-saṃjñā): 제3분. → 각주 6번 참조

올바른 삶이 아니다(非住, eva-apratiṣṭhitam): 제14분. 범어의 뜻은 '참으로 머무르지 않음이다.'이다.

완전한 열반에 들게 하리라(無餘涅槃 而滅度之, anupadhiśeṣe nirvāṇadhātau parinirvāpayitavyāḥ): 제3분. 범어의 뜻은 '완전한 열반의 경지로 완전히

열반에 들게 하리라.'이다.

왜냐하면 ~ 때문이다(何以故, tat kasya hetoḥ): 제3분. 범어의 뜻은 '그것은 무슨 까닭인가?'이다.

욕망을 여읜(離欲, vītarāgaḥ): 제9분

원만한 신체를 갖추었다(具足色身, rūpa-kāyā-pariniṣpattyā): 제20분. → 각주 37번 참조

이치에 맞는 말을 하는 이(如語者, tathāvādī) 제14분

인욕수행자(忍辱仙人, kṣāntivādī ṛṣiḥ): 제14분. 범어의 뜻은 '인욕을 설하는 성자'이다.

[ㅈ]

자리를 펴고 앉으셨습니다(數座而座, pādau prakṣalya nyaṣīdat prajñapta eva-āsane paryaṅkam ābhujya ṛjum kāyaṃ praṇidhāya, pratimukhīṃ smṛtim upasthāpya): 제1분. 범어의 뜻은 '두 발을 씻고 미리 준비된 자리에 가부좌를 결하시고, 몸을 곧게 세우고, 전면(前面)에 마음챙김을 확립하시고서 앉으셨다.'이다. 구마라집 스님의 대표적 축약 번역 부분이다. → 각주 1번 참조

자아가 있다는 견해(我見, ātma-dṛṣṭiḥ): 제31분

자아가 있다는 관념(我相, ātma-saṃjña): 제3분. → 각주 6번 참조

잘 격려해 주십니다(善付囑, parīnditāḥ paramayā parīndanayā): 제2분. 범어의 뜻은 '최상의 부촉으로 부촉받았습니다.'이다.

잘 보호해 주십니다(善護念, anuparigṛhītāḥ parameṇa-anugraheṇa): 제2분. 범어의 뜻은 '최상의 은총을 받았습니다.'이다.

저녁나절(後日分, sāya-āhṇa-kāla-samaye): 제15분. 범어의 뜻은 '저녁 시간대에'

이다.

적정행(阿蘭那行, araṇā-vihāri): 제9분. '다툼없는 삼매'와 동일한 범어이다.

점심나절(中日分, madhya-āhṇa-kāla-samaye): 제15분. 범어의 뜻은 '중간 시간 대에'이다.

정해진 법(定法, kaścid dharmo): 제 7분. 범어의 뜻은 '그 어떤 법'이지만 구마라집 스님은 여래가 깨달은 고정불변의 단정적인 법이라는 의미를 담아 의역한 것으로 보인다. '단정적인 법'과 같은 뜻이다.

중생이 있다는 견해(衆生見, sattva-dṛṣṭiḥ): 제31분

중생이 있다는 관념(衆生相, sattva-saṃjñā): 제3분. → 각주 6번 참조

지혜의 완성(般若波羅蜜, prajñāpāramitā): 경 제목

진실한 믿음(實信, bhūta-saṃjñām): 제6분. 제14분의 '實相(궁극적 지혜)'과 동일한 범어지만 구마라집 스님은 문맥에 맞춰 다르게 번역하고 있다.

집착(住, pratiṣṭhitena): 제4분. 범어의 뜻은 '머묾에 의하여'이다. '云何住'의 '住'와는 다른 말이다.

[ㅊ]

참된 말을 하는 이(實語者, satyavādī): 제14분

천신(天, deva): 제12분

청정한 믿음(淨信, prasādam): 제6분. 범어의 뜻은 '고요함, 편안함, 청안함'이지만 사람이나 대상을 알아서 마음이 밝아지고 환해지고 차분하게 된다는 의미에서 경전에서는 '청정한 믿음'으로 번역하고 있다.

최고의 바라밀(第一波羅蜜, parama-pāramatā): 제14분. → 각주 25번 참조

최상승에 나아가는 이(發最上乘者, śreṣtha-yāna-samprasthitānām): 제15분. 범어

의 뜻은 '최승승(最勝乘)에 굳게 나아가는'이다.

[ㅌ]

탐욕(貪着, udgrahītavyaḥ): 제28분. 범어의 뜻은 '꽉 움켜쥐는 것'이다.

티끌(微塵, pṛthivī-rajaḥ): 제13분. 범어의 뜻은 '대지의 티끌'이다.

티끌들(微塵衆, paramāṇu-saṃcayo): 제30분. 범어의 뜻은 '원자덩이(極微)'를 말하는데 구마라집 스님은 '티끌'과 구분 없이 번역하였다.

[ㅎ]

한 덩어리로 뭉쳐진 것(一合相, piṇḍa-grāhaḥ): 제30분

한 번만 돌아올 자(斯多含, sakṛdāgami): 제9분. → 각주 19번 참조

한량없는 아승기겁(無量阿僧祇劫, asaṃkhya): 제16분. → 각주 28번 참조

헤아릴 수 없고 말할 수 없으며 한없고 생각할 수 없는 공덕(不可量不可稱無有邊不可思議功德, acintyena-atulyena-amāpyena-aparimāṇena-puṇya-skandhena): 제15분. 범어의 뜻은 '불가사의하고 비교할 수 없고 측량할 수 없고 헤아릴 수 없는 공덕의 무더기'이다.

형상이 없는 것(無色, arūpiṇo): 제3분

형상이 있는 것(有色, rūpiṇo): 제3분

형색(色, rūpa): 제4분

확고한(金剛, vajra): 경 제목

편찬 후기

『금강경』의 세계는 말과 사념을 넘어선 절대 고독속의 따스한 세계이다. 이렇게 따스한 절대 고독의 세계는 중중무진법계의 한 중심에 있다. 세상의 모든 존재들을 제자리에서 그대로 편안케 하고 빛나게 하는 무한 에너지의 세계이며 무량광 변조의 세계이다. 무량공덕장인 부처님 메시지의 진수이다. 그래서『금강경』세계로의 진입은 우리 모두의 지극한 목표이며 희망이다.

이러한 점들이 모두『금강경』이 본사 세존께서 설하신 경전 가운데 가장 많은 주석서를 가지고 가장 널리 읽혔으며 또 조계종도가 의지해서 수행해야 할 경전이 되게 하였으리라.

『금강경』의 우리말 번역은 이미 한문본은 물론 범본의 번역까지 수없이 나와 있다. 그러나 모두 개인의 번역들이고 그 견해들이 천차만별이어서 그 어떤 것을 기준으로 삼아야 좋을지 난감한 점이 적지 않았다. 그래서 늦은 감은 없지 않으나 불학연구소에서 전 불자와 국민들을 향해 부처님의 뜻이 ① 본래 의미 그대로 정확하게 ② 알기 쉽게 ③ 독송하기 쉽도록 만들어진 조계종 표준 한문 · 한글『금강경』을 편찬해 보자라고 방침을 세웠다. 그로부터 해당 연구원을 모집하고 편찬실무위원회를 꾸려 작업에 돌입한 지 2년여 세월이 흘렀다. 그간 범어 · 한문 · 한글 전문가들 여섯 분으로 구성된 편찬실무위원회가 모두

21차례의 회합을 가졌다. 그 사이에 한 차례씩의 워크숍, 세미나 공청회를 치렀으며, 또 4박 5일과 1박 2일 등의 합숙작업을 네 차례 진행하였다. 그동안 쉼 없이 많은 전문가들로부터의 의견 청취를 거쳐 가면서…….

번역해 가는 과정에서 편찬실무위원회 모두가 『금강경』에 관한 저술을 가지고 있을 만큼 전문가들이었으나 한결같이 공동 번역작업을 해보니 '번역이란 정말 지난한 작업이다.'라고 새삼스레 토로하였고 또 '개인적으로 작업하는 것과는 현격한 차이가 있다는 점을 깊이 절감한다.' 하였다. 아울러 '참으로 많은 공부가 된다.'는 소감을 즐거움 속에서 피력하곤 하였다.

한편 앞으로 경전을 번역하는 데는 옛 중국의 대형 국립역경장에는 못 미칠망정 최소한이나마 필요한 전문가들이 모여 공동역경을 해야만 되겠다라는 필요성 내지 당위성을 역설해 가며 지금 하고 있는 공동작업이 앞으로 바람직한 역경의 작은 모델이 될 수 있으리라는 자부심을 가져보는 장이 되기도 하였다.

여기서 잠시 그간 역경작업장에서 들었던 특히 번역하기 어려운 대목들을 상기해 본다. 그것은 천재적인 역경삼장 구마라집 스님의 의역 예컨대 '사상(四相)' 등을 범어 원문에 비추어 한글화하는 작업과 이른바 '즉비(則非)' 논리의 문장들을 한글화하는 작업 등이었다. 이러한 작업의 결과물들은 때로는 혹자들로부터 구마라집본을 번역 저본으로 삼는다고 해놓고 범어를 크게 참고해서 번역한 번역태도 때문에 비판의 대상이 될 가능성도 있을지 모르겠으나 한편은 오히려 그와 반대로 앞서 말한 종단본을 편찬하고자 할 때 정한 세 가지 목표에 충실한 일관성있는 번역 결과물로 종단본이 가지는 특징이 되리라 굳게 믿는 바이다.

사계(四季)가 두 바퀴 도는 동안 편찬실무위원장 연관 스님을 비롯하여 각묵 스님, 무애 스님, 송찬우 교수님, 김호성 교수님, 김호귀 교수님 등 위원회의 모든 분들이 정말 진지하게 사명감을 가지고 애써 주셨다. 넉넉지 못한 연구비에도 불구하고……. 진심으로 고개 숙여 감사드린다.

아울러 이 작업이 원만히 회향될 수 있도록 지도 편달하여 주신 교육원장 청화 스님께 깊이 감사드리고 담당연구원 요경 스님을 비롯한 연구소 식구들의 많은 노고에도 거듭 감사드린다.

끝으로 지면상 이름을 밝혀드리진 못하나 이 『금강경』을 편찬하는 동안 많은 관심을 가지고 워크숍, 세미나, 공청회 등에 참석하여 글도 발표하고 많은 도움을 주신 교육원 역경위원 스님들을 비롯한 여러 스님들, 학자, 역경가 등 모든 분들께 많은 감사를 올리며 또 조계종출판사 최승천 부장님 이하 관계자 여러분들의 노고에도 깊이 감사드린다.

아무쪼록 이 『금강경』 번역작업이 모든 불자와 국민들에게 불법에 대한 신심을 성취시키고 정법구주에 많은 공헌을 해 주길 간절히 빌어 마지 않는다.

불기 2553(09)년 기축년 원단

대한불교조계종 불학연구소장 현종 합장

방 | 함 | 록

대한불교조계종

종　　　정 | 도림 법전
원로회의 의장 | 종　산
총 무 원 장 | 지　관
중앙종회 의장 | 보　선
호 계 원 장 | 법　등
교 육 원 장 | 청　화
포 교 원 장 | 혜　총

역경위원회

위원장 | 통　광
위　원 | 정　우
| 지　오
| 학　담
| 정　원
| 지　안
| 덕　문
| 해　주
| 적　연

금강경편찬실무위원회

위원장 | 연　관
위　원 | 각　묵
| 무　애
| 송찬우
| 김호성
| 김호귀

교육부

교 육 부 장 | 법　장
교 육 국 장 | 성　해
연 수 국 장 | 범　수
교 육 차 장 | 전형근
교 육 팀 장 | 전인동
행　정　관 | 권상혁
행　정　관 | 김영미
주　　　임 | 류창하
연 수 팀 장 | 김성동
주　　　임 | 이승철
주　　　임 | 송재일
불교서울전문강당 | 조영덕

불학연구소

연 구 소 장 | 현　종
사 무 국 장 | 명　연
선임연구원 | 서재영
상임연구원 | 요　경
상임연구원 | 대　해
상임연구원 | 범　준
상임연구원 | 김광식
주　　　임 | 장혜정

조계종 표준 한문 · 한글본

금강반야바라밀경(주석본)

1판 1쇄 발행 2009년 1월 20일
1판 15쇄 발행 2024년 10월 20일

편 역 대한불교조계종 교육원
펴 낸 이 원명
펴 낸 곳 조계종출판사

출판등록 제2007-000078호
등록일자 2007년 4월 27일
주 소 서울시 종로구 삼봉로 81 두산위브파빌리온 1308호
전 화 02-720-6107
팩 스 02-733-6708
홈페이지 www.jbbook.co.kr
E-mail jogyebooks@naver.com
구입문의 불교전문서점 향전 02-2031-2070

ISBN 978-89-93629-02-6 03220

스님들이 자주 찾는 법보시 도서 베스트

■ 조계종 표준 금강반야바라밀경

독송본 6,000원

주석본 10,000원

사경본(한글/사철제본)
8,000원

사경본(한문/사철제본)
8,000원

포켓본 6,000원

■ 조계종 표준 우리말 천수경

독송본(칠정례,
반야심경) 5,000원

사경본(사철제본)
8,000원

■ 조계종 표준 우리말 반야심경

사경본(사철제본)
7,500원

■ 우리말 아미타경

사경본(사철제본)
8,000원

■ 신묘장구대다라니

사경본(사철제본)
7,500원

우리 시대 대강백 무비 스님 저서 시리즈

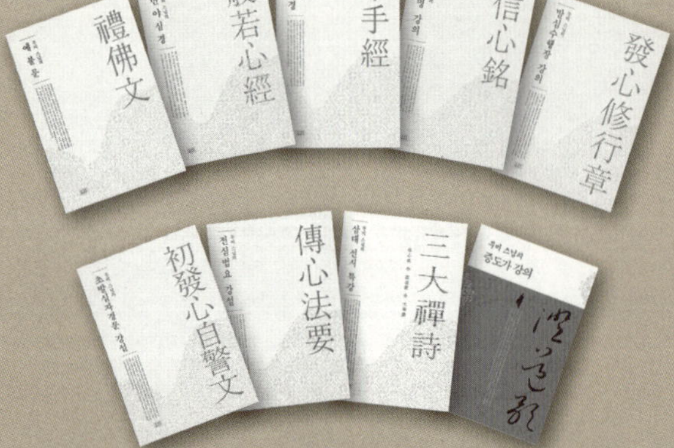

- 무비 스님의 **예불문**
  120쪽 | 값 11,000원
- 무비 스님의 **반야심경**
  160쪽 | 값 9,000원
- 무비 스님의 **천수경**
  176쪽 | 값 12,000원
- 무비 스님의 **신심명 강의**
  232쪽 | 값 10,000원
- 무비 스님의 **발심수행장 강의**
  128쪽 | 값 10,000원
- 무비 스님의 **초발심자경문 강설**
  328쪽 | 값 13,800원
- 무비 스님의 **전심법요 강설**
  408쪽 | 값 18,000원
- 무비 스님의 **삼대 선시 특강**
  400쪽 | 값 18,000원
- 무비 스님의 **증도가 강의**
  400쪽 | 값 20,000원